GEMÜSE

KOCHBUCH

GEMÜSE

KOCHBUCH

REZEPTE FÜR ALLE JAHRESZEITEN

MATT WILKINSON

DORLING KINDERSLEY

Es freut mich, dass Sie dieses Buch zur Hand nehmen. Ich besitze viele Kochbücher, und kein Mensch hat sich je bei mir dafür bedankt, sie gekauft, gelesen oder benutzt zu haben. Deshalb möchte ich Ihnen danken und ich hoffe, es wird Sie mit derselben Liebe zu gutem Essen erfüllen, die mich täglich neu inspiriert.

SEEDS

Seed Type:

Date Collected:

INHALT

DER GRÜNE DAUMEN

WARUM EIN REINES GEMÜSEBUCH?

Die Antwort ist einfach: Wenn ich koche, denke ich immer zuallererst an Gemüse. Ich orientiere mich dabei ganz an der Jahreszeit. Sie inspiriert mich zu den Gerichten, die ich auf die Speisekarte meines Restaurants setze, und zu dem, was ich abends zu Hause esse. Gemüse wird häufig unterschätzt – dabei gibt es uns bereitwillig Auskunft darüber, was gerade im Freiland wächst und gedeiht. Wenn ich meine Gerichte plane, dann orientiere ich mich an Gemüsesorten, die gerade Saison haben. Dann sind sie am günstigsten, am leichtesten zu bekommen und – das ist wohl der wichtigste Aspekt – schmecken am allerbesten. Und gerade das ist doch das Entscheidende beim Kochen. Eigentlich liegt es auf der Hand, dass Gemüse, das gerade erntereif ist, auch am besten schmeckt … Wieso haben wir uns eigentlich von dieser natürlichen Art zu essen entfernt? Schauen Sie sich doch mal die Jahreszeiten an: Im Frühling gehe ich hinaus in den Garten und fühle mich lebendig – Luft und Erde verbreiten ein herrlich frisches Gefühl. Die Bäume knospen und ihre Blätter brechen mit aller Kraft hervor. Wenn ich erntereife Bohnen und Erbsen pflücke, sind sie knackig frisch, und ob gekocht oder roh: Sie

schmecken immer süß. Im Sommer hat sich die Erde aufgewärmt und die Pflanzen tragen diese Wärme spürbar in sich. Wenn man sie sorgfältig wässert, bleiben sie frisch und voller Spannkraft – so, als ob sie bereit wären, in eine Schlacht zu ziehen. Schließen Sie doch mal Ihre Augen und denken Sie an das unverwechselbare Aroma frischer Tomaten. Schon beim Gedanken an den ersten Bissen läuft mir das Wasser im Munde zusammen. Dann kommt der Herbst und die Stimmung im Garten wird sanfter. Die Pflanzen bereiten sich auf die kühle Jahreszeit vor und das Gemüsebeet hatte bereits seinen großen Auftritt. Doch Basilikum, Sauerampfer, Spinat und Mangold sehen noch prächtig aus, Butternusskürbisse und Zucchini sind richtige Geschütze. Naht schließlich der Winter, arbeite ich den frischen Kompost und etwas Dünger in den Boden. Ich betrachte meinen üppigen Rotkohl, der nun schon seit Monaten in der Erde steckt. Der Brokkoli hat ein so kräftiges, leuchtendes Dunkelgrün, dass ich ihn sofort fürs Abendessen ernten könnte, und auch die Salatblätter sind knackig und frisch.

Wenn ich entschieden habe, welche saisonalen Schätze die Grundlage meines Essens sein werden, und mir überlegt habe, welche Aromen miteinander harmonieren, kommen Proteine dazu, normalerweise Fleisch oder Fisch, und bei Bedarf ein paar Kohlenhydrate.

Denken Sie an alte Zeiten zurück. Damals hat man sich auf genau diese Weise ernährt. Fleisch oder Fisch standen bei den meisten Menschen selten auf dem Speiseplan, weil sie zu teuer waren oder weil man sie schwer lagern konnte (es gab weder Kühlschränke noch Tiefkühlgeräte). In den vergangenen fünfzig Jahren haben uns die technischen Entwicklungen träge gemacht, auch was Lebensmittel anbelangt. Fleisch, Fisch und Meeresfrüchte sind immer erhältlich. Viele Menschen denken heute als Erstes darüber nach, in welcher Form sie Proteine zu sich nehmen wollen – Rind oder Hähnchen, Fisch oder Schwein? Dann überlegen sie, mit welchen Kohlenhydraten sie die Mahlzeit anreichern können, und ganz zum Schluss bringen sie noch ein bisschen Gemüse ins Spiel. Mit meinem Ansatz »Zuerst das Gemüse« gehe ich anders an die Sache heran. Und ich hoffe, dieses Buch inspiriert Sie, diese altmodische Methode – vorab das Gemüse auszusuchen und dann erst alles andere – selbst auszuprobieren. Gemüse ist in einer solchen Vielfalt an Sorten und Geschmacksrichtungen erhältlich, dass sich jedes gewöhnliche Stück Fleisch dahinter verstecken muss.

MEIN LIEBLINGSGEMÜSE?

Vielleicht fragen Sie sich, warum ich gerade über diese Gemüsesorten geschrieben habe und nicht über andere. Ich kann Ihnen gar nicht sagen, wie schwer mir die Auswahl gefallen ist. (Tatsächlich kommt ein Gemüse im Buch vor, das ich nicht immer besonders mag. Vielleicht finden Sie heraus, welches das ist.) Nicht jedes Gemüse hat hier Platz gefunden: Der süße, erdige und vielseitige Knollensellerie, sein noch süßerer, attraktiver aussehender Cousin, der Stangensellerie, und der gute alte Lauch fielen dem begrenzten Raum zum Opfer, ebenso zwei meiner persönlichen Favoriten, die köstliche, distelartig aussehende Artischocke und der erdige und knollige Topinambur, und auch die wunderbare Familie der Pilze, die manche gar nicht mögen und andere lieben (im eigentlichen Sinn sind sie kein Gemüse, trotzdem spielen sie bei meinen Rezepten eine große Rolle). Vielleicht finden sie eines Tages Aufnahme in einen zweiten Band mit dem Titel: *Die vergessenen Lieblingsgemüsesorten.*

Wie auch immer, ohne 23 der 24 Gemüsesorten, die in diesem Buch ihren Auftritt haben, könnte ich nicht leben (und beim Schreiben dieses Buches habe ich selbst Gemüse Nr. 24 schätzen gelernt).

Ich hoffe, Sie haben Spaß mit den Rezepten und den kleinen Geschichten rund um ihren Anbau und ihre persönliche Bedeutung für mich, die sie begleiten. Gemüse selbst ziehen, zubereiten und essen ist gesund und hilft besser unsere Erde zu bewahren als eine fleischlastige Ernährung. Und das Allerbeste: Es bringt jede Menge Geschmack und Abwechslungsreichtum auf Ihren Teller.

ZWEI WICHTIGE TIPPS

Bei der Gelegenheit möchte ich Ihnen noch zwei Kochtipps an die Hand geben, die Sie bestimmt schätzen und in Ihr Repertoire aufnehmen werden – ob nun für dieses oder für irgendein anderes Kochbuch.

1. Wie frustrierend ist es für Sie, wenn Sie nach dem Essen das ganze Kochgeschirr abspülen müssen? Mir persönlich geht das ziemlich auf die Nerven. Die Lösung: Machen Sie einfach schon zwischendurch Klarschiff! Nutzen Sie freie Zeit während des Kochens und räumen Sie quasi hinter sich selbst auf, versuchen Sie, denselben Topf oder dieselbe Pfanne noch einmal zu benutzen.

2. Dieser Tipp wird Sie ungemein unterstützen, wenn Sie ihn befolgen. Kochen soll Spaß machen, entspannend sein und ganz sicher keine lästige Pflicht. Wenn Sie sich bei einem Rezept an folgende einfache Schritte halten, verspreche ich Ihnen, dass Sie weniger Stress haben werden:

⸰ *Haben Sie sich für ein Gericht und Rezept entschieden, setzen Sie sich erst einmal in Ruhe mit Stift, Notizzettel und einer Tasse Kaffee oder einem Glas Wein an den Tisch.*

⸰ *Lesen Sie Zutatenliste und Zubereitung sorgfältig durch.*

⸰ *Trinken Sie einen Schluck, dann lesen Sie das Rezept noch einmal durch.*

⸰ *Nun schreiben Sie die Zutaten und deren Mengen auf, die Sie besorgen müssen.*

⸰ *Trinken Sie noch ein Schlückchen.*

⸰ *Notieren Sie sich jetzt die Zubereitungsschritte – nicht abschreiben, sondern in Ihren eigenen Worten.*

⸰ *Nehmen Sie einen dritten Schluck.*

⸰ *Prüfen Sie noch einmal, ob die Zutaten, die Sie kaufen müssen, und die Zubereitungsschritte stimmen.*

⸰ *Machen Sie das Buch zu und schlagen Sie es nicht wieder auf. Gehen Sie nach Ihren eigenen Notizen vor. Zum einen verstehen Sie die einzelnen Zubereitungsschritte besser, wenn Sie das Rezept mit eigenen Worten aufgeschrieben haben, zum anderen machen Sie Ihr schönes Kochbuch nicht schmutzig.*

FÜR MEINEN KLEINEN SONNENSCHEIN FINN THOMAS UND SEINE SCHÖNE MUTTER, MEINE GELIEBTE SHARLEE, UND NATÜRLICH FÜR QUINCY, UNSEREN HUND.

*Mehrjährig blühend/
wird bis zu 30 Jahre alt.*

HEIMISCH IN EUROPA,
NORDAFRIKA,
WESTASIEN

WÄCHST AUS EINEM WURZELSYSTEM FLEISCHIGER
RHIZOME, GEERNTET WERDEN DIE STÄNGEL.

Der Name »Spargel« stammt aus dem Griechischen und bedeutet »Spross« oder »junger Trieb«.

Warten Sie mit mir auf den ersten Spargel, den König unter den Gemüsen, auf das schöne Quietschen der reifen Stangen, seinen knackigen Biss im Rohkostsalat oder auf das zarte Aroma des gekochten Spargels.

SPARGEL

(ASPARAGUS OFFICINALIS)

SPARGEL

Ich könnte ständig darüber reden, dass man Gemüse nur dann essen sollte, wenn es gerade Saison hat – aber mal ehrlich: Können Sie sich irgendeine andere Gemüsesorte vorstellen, auf die Sie ein ganzes Jahr verzichten und auf deren kurze Saison Sie so sehnlich warten wie auf die des Spargels?

KÖNIG DER GEMÜSE

Ich bin in England aufgewachsen und erinnere mich noch gut daran, wie ich in jungen Jahren Spargel gegessen habe. Doch erst nachdem ich nach Schottland gezogen war, um dort zu arbeiten, habe ich festgestellt, wie erstaunlich frisch und gut Spargel wirklich schmeckt. Von da an habe ich den Luxus dieses königlichen Gemüses wirklich geschätzt. Für mich war das fast so wie ein »Trüffelerlebnis«, dieses unglaubliche und unbeschreibliche Gefühl, wenn man zum ersten Mal in seinem Leben eine Trüffel riecht und schmeckt. Genauso empfand ich es, als die ersten Kisten mit Spargel ankamen. Die schottische Spargelsaison dauert nur wenige Wochen, aber sie hat mich eines gelehrt: Es lohnt sich, auf sie zu warten, denn der Spargel ist es wert. Diese wenigen Wochen waren einfach wundervoll.

Spargel mundet nur gut, wenn er frisch gestochen wird, außerhalb der Erntezeit schmeckt er furchtbar. Dann ist er holzig, geschmacklos, welk und außerdem auch noch verflucht teuer. Warum sollte man ihn also kaufen? Und warum aus Thailand importierten Spargel zubereiten? Wieso importieren wir so etwas überhaupt? Müssen wir wirklich das ganze Jahr über Spargel im Supermarkt kaufen können? Ich verstehe, wenn Menschen nicht bereit sind, über die Hälfte des Jahres beispielsweise auf Tomaten zu verzichten, aber Spargel? Wenn Sie ihn nur brauchen, weil Ihr Kochbuch Ihnen sagt »Nimm Spargel«, warum suchen Sie sich nicht einfach ein anderes Rezept?

Ja, es lohnt sich zu warten: auf das Aroma, das herrliche Quietschen der reifen Stangen, den knackigen Biss, wenn Spargel roh zu einem Salat zubereitet wird, und auf das zarte Aroma der gekochten Stangen. Warten Sie mit mir im Frühling auf die ersten Stangen, auf den König (er sieht ja auch fast so aus, als trüge er eine Krone) der Gemüsesorten. Und genießen Sie ihn, wenn er frisch vom Feld kommt.

Lässt man ihn wachsen, wird aus der Spitze des Stängels eine Blume – so wie bei der Artischocke. Der Spargel gehört zur Familie der Liliengewächse, deshalb ist er verwandt mit Zwiebel, Lauch und Knoblauch, und obwohl er ursprünglich im Mittelmeerraum beheimatet war, hat er sich mittlerweile auf der ganzen Welt eingebürgert. Wild wächst er auf den Salzwiesen Europas und Asiens. Die Ersten, die das Gemüse kultivierten und anbauten, waren die Römer. Der

Spargel galt als Inbegriff von Eleganz und war auf den Tafeln von Königen und Kaisern ein gern gesehener Gast. Die Ägypter opferten sogar ihren Göttern Spargelbunde. Jahrtausendelang wurde das Gemüse wegen seiner Schönheit und Eleganz verehrt, und ich finde, wir sollten ihm weiterhin diesen Respekt zollen.

VORBEREITEN UND GAREN

Die Spargelsaison beginnt in Europa je nach Region im März oder April und dauert bis Mitte oder Ende Juni. Ist der Spargel jung, können Sie ihn roh verzehren und daraus eine herrliche Crudité zubereiten, die hervorragend zur Bagna cauda (*siehe Seite 163*) passt. Schreitet die Saison voran, sollten Sie die Stangen schälen, weil die Schale faseriger wird. Schneiden Sie auch die holzigen Enden (etwa 2,5 cm) ab, sie würden das Geschmackserlebnis nur trüben. Wenn Sie die Enden abschneiden, sehen Sie auch gleich, wie frisch der Spargel ist. Ist er frisch, quietscht es beim Abschneiden leicht. Hören Sie dem Spargel gut zu. Und wenn Sie glauben, dass die holzigen Enden und Schalen Abfall sind, irren Sie sich: Spargel ist ein so köstliches Gemüse, da können Sie alles verwenden. Aus Schalen und Stücken lässt sich eine Suppe oder ein Püree zubereiten, und der Rest kann gekocht, gegrillt, im Wok gebraten, gedämpft, gebacken oder sonst wie verarbeitet werden.

WEISS ODER GRÜN?

Ich selbst habe noch nie Spargel angepflanzt, weil das von der Aussaat bis zur Ernte so lange dauert. Wenn Sie Spargel aussäen, müssen Sie drei Jahre bis zur ersten Ernte warten. Um das Ganze zu beschleunigen, können Sie in Gärtnereien bzw. Spargelanbaubetrieben einjährige Pflanzen kaufen. Das reduziert die Wartezeit. Beim weißen Spargel handelt es sich um genau dieselbe Pflanze wie beim grünen, allerdings wächst er unter anderen Bedingungen. Unter der Erde erreicht ihn kein Sonnenlicht, sodass sich das Chlorophyll in der Pflanze (die Substanz, die sie grün macht) nicht entwickeln kann. Indem man ihre Spitzen mit Erde oder, wie es oft geschieht, mit schwarzer Kunststofffolie bedeckt, werden die Pflanzen von den Sonnenstrahlen abgeschirmt und behalten so ihre weiße Farbe. Weltweit sind sich die Spargelanbauer nicht einig, ob nun der weiße oder der grüne Spargel der bessere ist. Viele behaupten, der weiße sei süßer und habe ein zarteres Aroma. Letztlich hängt es von Ihrem Geschmack ab, welchen Sie bevorzugen. Versuchen Sie beide und bilden Sie sich eine eigene Meinung.

LASSEN SIE ES DARAUF ANKOMMEN!

Und jetzt komme ich doch noch darauf zu sprechen: Wenn man Spargel isst, dann riecht der Urin danach – oder nicht? Die Wissenschaftler sind sich nicht sicher, welcher Inhaltsstoff dafür verantwortlich ist, dass bei einigen Menschen nach dem Verzehr von Spargel dieser Geruch entsteht. Es scheint an den Genen zu liegen, ob Sie davon betroffen sind oder es überhaupt riechen können. Und das können nur 50 Prozent der Bevölkerung … Aber was soll's? Bei einem so köstlichen Gemüse können Sie es ruhig darauf ankommen lassen!

WEISSER SPARGEL MIT RICOTTA UND CHICORÉE

FÜR 2 PERSONEN ALS VORSPEISE

Wenn Sie keinen Mandel-Orangen-Brösel zur Hand haben, können Sie stattdessen Croûtons verwenden. Zu diesem Salat passen auch einige Scheiben Carpaccio oder roher Schinken.

- 500 g weißer Spargel
- ¼ TL Dijonsenf
- 100 ml bestes Olivenöl
- Meersalz und frisch gemahlener schwarzer Pfeffer
- ½ Kopf Radicchio, gewaschen, Blätter zerkleinert

- 1 roter Chicorée, gewaschen, Blätter zerkleinert
- 1 Handvoll Rucola, gewaschen, trocken geschüttelt
- 130 g Ricotta
- 1 Portion Mandel-Orangen-Brösel (siehe Seite 292)

Die holzigen Enden der Spargelstangen abschneiden. Ein kleines Stück von einer Stange abschneiden und testen, ob der Spargel faserig ist. Wenn ja, den Spargel von oben nach unten mit einem Gemüse- oder Spargelschäler schälen. Ist er nicht holzig, brauchen die Stangen nicht geschält zu werden. Die Stangen in der Mitte halbieren.

Den Spargel in einem Topf mit kochendem Salzwasser je nach Größe 5–8 Minuten garen. Die Stangen sollten noch etwas Biss haben. Spargel abgießen und sofort in eine Schüssel mit eiskaltem Wasser legen. Ist er abgekühlt, herausnehmen und in eine Schüssel legen.

Senf und Olivenöl verrühren und mit Salz und Pfeffer würzen. Über den Spargel geben und gut vermengen.

Radicchio, roten Chicorée und Rucola unterheben. Den Ricotta mit einem Löffel vorsichtig auseinanderbrechen und die Hälfte unter den Salat heben. Den Salat auf Tellern anrichten und mit dem restlichen Ricotta bestreuen. Zum Schluss reichlich Mandel-Orangen-Brösel darüberstreuen.

EINGELEGTER SPARGEL

ERGIBT 3 GLÄSER À 300 ML

Einlegen von Gemüse lohnt sich vor allem dann, wenn es auf dem Höhepunkt der Erntezeit und deshalb günstiger ist. Beim Spargel halte ich mich allerdings nicht an diese Regel. Ich lege unterschiedliche Spargelsorten zu Beginn der Ernte ein, um die ersten Stangen zu konservieren. Deren Haut ist richtig fleischig und muss nicht abgeschält werden. Eingelegter Spargel bereichert jede Antipastiplatte und jeden Salat. Und Sie haben ihn zur Hand, wenn die Saison vorbei ist.

3 kg Spargel	¼ TL Koriandersamen
600 ml Weißweinessig	¼ TL weiße Pfefferkörner
400 ml Apfelessig	2 Knoblauchzehen, dünn geschnitten
¼ TL Senfsamen	1 Schalotte, dünn geschnitten

Den Backofen auf 140 °C vorheizen.

Die Gläser gut auswaschen und abtrocknen. Ein Glas auf die Seite legen und abmessen, ob die Stangen hineinpassen. Den unteren Teil abschneiden, sodass die Stangen ins Glas passen. (Die Enden können Sie wegwerfen oder eine Suppe bzw. einen Salat daraus zubereiten.)

Den Spargel in kochendem Salzwasser blanchieren, abgießen und mit eiskaltem Wasser abschrecken. Die abgekühlten Stangen herausnehmen, trocken tupfen und mit den Köpfen nach oben in Gläser legen.

Beide Essigsorten in einen Topf gießen und aufkochen, dann abkühlen lassen. Gewürze, Knoblauch und Schalotte auf die Gläser verteilen und den Essig dazugießen. Der Spargel muss vollständig mit Flüssigkeit bedeckt sein. Die Deckel aufschrauben, die Gläser auf ein Backblech stellen und für 10 Minuten in den vorgeheizten Backofen schieben. Anschließend beschriften und mindestens 1 Woche (3 Monate sind besser) vor dem Verzehr durchziehen lassen. Ungeöffnete Gläser halten sich bis zur nächsten Spargelsaison. Geöffnete Gläser im Kühlschrank aufbewahren.

SPARGELSALAT MIT SCHINKEN UND SKORDALIA

FÜR 4 PERSONEN ALS VORSPEISE
ODER ALS BEILAGE

Der Salat zum Mittagessen ist einfach und schnell gemacht. Sie können die Skordalia durch ein einfaches Aioli ersetzen – das schmeckt genauso köstlich. Nach Belieben können Sie den Salat mit gehobeltem Parmesan oder einem pochierten Ei verfeinern.

1 kg grüner Spargel (möglichst dicke Stangen)

feines Meersalz

8 Scheiben roher Schinken, in Streifen geschnitten

3 EL bestes Olivenöl + etwas mehr zum Servieren

Saft von ½ Zitrone

1 EL gehacktes Basilikum + etwas mehr zum Servieren

1 EL gehackte glatte Petersilie + etwas mehr zum Servieren

frisch gemahlener schwarzer Pfeffer

1 Portion Kartoffel-Skordalia (siehe Seite 224)

2 EL Dukka (orientalische Nuss-Gewürz-Mischung, siehe Seite 292)

Mit einem Gemüsehobel den Spargel von unten nach oben in dünne Streifen schneiden, sodass lange Bänder entstehen. Die Spargelstreifen in eine große Schüssel legen, Salz darüberstreuen und 1 Minute ziehen lassen. Dann den Schinken untermengen. Olivenöl, Zitronensaft, Basilikum und Petersilie zugeben und untermengen, mit Salz und Pfeffer würzen. Von der Skordalia etwas auf die Teller geben, den Spargelsalat darauf anrichten und mit etwas Olivenöl beträufeln. Zum Schluss den Salat mit gehackten Kräutern und Dukka bestreuen.

ERNTE
IN 12-14 WOCHEN

ERBSENPFLANZEN KÖNNEN SICH SELBST BEFRUCHTEN.

Erbsen sind einjährige
Kulturpflanzen.

WELTWEIT BEKANNT

Die Chinesen bevorzugen Schlangenbohnen, die Inder
lieben Hülsenfrüchte in Kultgerichten wie etwa
Linsen-Dhal und Italiener lieben ihre Cannellini-
und Borlottibohnen.

PROTEIN, FOLSÄURE, EISEN

BOHNEN & ERBSEN

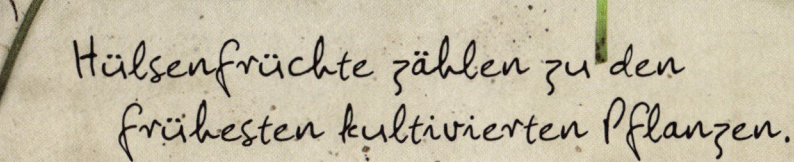

Hülsenfrüchte zählen zu den
frühesten kultivierten Pflanzen.

BOHNEN & ERBSEN

Obwohl es so einfach aussieht, muss ich zugeben, dass ich nicht besonders versiert bin, was den Anbau von Bohnen und Erbsen anbetrifft – das gilt vor allem für Zuckerschoten und Stangenbohnen. Aber bei den Dicken Bohnen (Favabohnen) hatte ich immer Glück. Bohnen und Erbsen sind fest in mitteleuropäischen Küchen verwurzelt. Immer wenn ich in jungen Jahren in einem Pub etwas zu essen bestellte, lautete die Standardfrage: Möchten Sie dazu Erbsen oder Bohnen? Vielleicht lieben wir ja Bohnen und Erbsen so sehr, weil sie fast das ganze Jahr über verfügbar sind?

BOHNE VON WELT

Bohnen und Erbsen sind weltweit in unterschiedlicher Gestalt ein Grundnahrungsmittel. Sie gehören zur Ordnung der Schmetterlingsblütenartigen (*Fabales*), zu der auch Kichererbsen und Linsen zählen.

Die Chinesen bevorzugen Schlangenbohnen, die bis zu 30 cm lang werden können. Sie stehen in ganz Südostasien auf dem Speiseplan: Inder verwenden ebenfalls gerne Bohnen und Hülsenfrüchte – man denke nur an Klassiker wie Dhal oder Kichererbsencurry. Im Nahen Osten mag man weiße Bohnen, Italiener mögen Cannellini- und Borlottibohnen und die Südamerikaner schließlich bevorzugen Mondbohnen (Limabohnen) und alle Arten von roten Kidneybohnen. Überall auf der Welt schätzt man Bohnen und Erbsen und verwendet sie frisch oder getrocknet. In Ländern, in denen Fleisch zu teuer oder schwer erhältlich ist, sind sie wertvolle Proteinquellen. Das ist auch der Grund dafür, dass Vegetarier große Freunde von Bohnen und Hülsenfrüchten sind: Sie liefern nicht nur viel Eiweiß, sondern auch viele Vitamine und Mineralstoffe.

ALLE GRÜNEN BOHNEN SIND GLEICH

In Großbritannien haben wir uns so an gerade und feine grüne Bohnen gewöhnt, dass wir sie kaufen, nur weil sie gut aussehen. Eine Bohne mit einer schwarzen Stelle werfen wir genauso weg wie eine krumme oder eine, die farblich ein wenig abweicht. Alle wollen perfektes Obst und Gemüse, und diejenigen, die weniger schön sind, bleiben liegen … Dabei schmecken sie doch alle gleich.

BOHNENANBAU

Der Anbau von Dicken Bohnen ist mir immer gut gelungen. Ich habe den Boden gut vorbereitet und etwas Dünger untergearbeitet, das Saatgut eingebracht und zweimal im Jahr wurde ich dafür belohnt. Legen Sie die Saatkörner ruhig dicht beieinander in den Boden und wenn die Sprosse kniehoch sind, setzen Sie kleine Pflöcke in die Erde, damit die Pflanzen Halt finden. Sie müssen die Pflanzenstängel nicht an den Pflöcken festbinden, es sei denn, sie ringen darum, aufrecht stehen zu bleiben. Dicke Bohnen sind – ähnlich wie Getreide – Selbstbestäuber. Durch den Wind stoßen die Pflanzen aneinander – und damit sie das tun können, müssen sie eng nebeneinander wachsen. Sonst würde es keine Bohnen geben. Aber sie dürfen nur so eng nebeneinander stehen, dass noch Sonnenlicht zwischen die einzelnen Pflanzen gelangt.

Wenn die Pflanzen bis auf Schulterhöhe gewachsen sind, sollten sie damit beginnen, niedliche kleine Schoten zu produzieren. Ich stelle mir gerne vor, dass diese Schoten die Bohnenkerne wie eine Art Schlafsack beschützen. Deshalb kaufe ich Bohnen oder Erbsen auch nie ausgepalt. Denn es ist sicher nicht schön, als leckere Erbse oder Bohne im Schlafsack zu schlummern und dann ohne Vorwarnung in die Welt hinaus gepalt zu werden und im Kühlschrank zu landen. Weil sie dabei trocken und schrumpelig werden, kaufe ich sie immer mit Schoten und pale sie erst kurz vor der Zubereitung aus. Dann dauert es zwar etwas länger, bis das Essen auf den Tisch kommt, aber das Warten lohnt sich.

LÄSTIGE OHRWÜRMER

Was Schädlinge und unangenehme Dinge betrifft, so gibt es nur einen echten Feind für meine Dicke-Bohnen-Ernte, und das sind Ohrwürmer. Die Tierchen lieben Dicke Bohnen. Wenn Sie sehen wollen, ob sich an Ihren Bohnen Ohrwürmer zu schaffen machen, müssen Sie sich am späten Abend mit einer Taschenlampe bewaffnet zum Beet aufmachen und nach den kleinen Burschen suchen. Tagsüber verstecken sie sich, aber wenn Sie sie nachts einfangen, werden

Sie überrascht sein, wie viele es auf Ihre Dicken Bohnen abgesehen haben! Ich habe zwei Tipps für Sie. Gießen Sie ein wenig Leinsamenöl in ein Kunststoffgefäß mit Deckel und piksen Sie einige Löcher hinein. Dann stellen Sie das Gefäß unweit des Bohnenbeets in den Garten: Die Ohrwürmer und auch einige andere Schädlinge werden vom Geruch des Öls angezogen und plumpsen in das Gefäß. Eine andere Methode besteht darin, Eierkartons zu verwenden. Stellen Sie fünf Sechserkartons aufeinander und platzieren Sie diese auf und neben Ihrem Beet. Ohrwürmer lieben es, sich in enge, dunkle Ecken zu verdrücken und werden die Schlupfwinkel in den Kartons unwiderstehlich finden. Morgens müssen Sie dann jeden Eierkarton über einem Eimer Wasser leeren. Das machen Sie eine Woche lang so, dann haben Sie genug von diesen Tieren vernichtet und Ihre Bohnen können ohne Schaden weiterwachsen.

STICKSTOFFRESERVOIR

Für Ihre Beete ist es ein Segen, wenn Bohnen und Erbsen darin gedeihen. Denn vom Stickstoffreservoir in ihren Wurzeln profitiert der Boden. Wenn Sie die Schoten abgepflückt haben, sollten Sie nicht in Versuchung geraten, die Pflanzen gleich herauszuziehen. Lassen Sie ihnen einige Wochen Zeit, um in der Erde abzusterben. Sie sind dann nicht gerade eine Zierde, aber sehr nützlich. Sind sie vertrocknet, schneiden Sie die Stängel der Pflanze etwa 5 cm über dem Boden ab und werfen das Abgeschnittene weg. Die verbliebenen Stängel und Wurzeln arbeiten Sie gut in die Erde ein, sodass der enthaltene Stickstoff in den Boden dringen kann. Auf diese Weise wird er deutlich verbessert, und das nützt den Pflanzen, die Sie im nächsten Jahr in diesem Beet auspflanzen.

BAKED BEANS

→ FÜR 6 PERSONEN

Für ein richtiges englisches Frühstück sind gebackene Bohnen eigentlich unverzichtbar.
Hier die Version, die auch auf der Speisekarte meines Restaurants steht.

150 ml Olivenöl	½ TL gemahlene Kurkuma
1 weiße Zwiebel, fein geschnitten	2 EL Tomatenmark
1 TL Paprikapulver	100 g Zucker
1 TL frisch gemahlener schwarzer Pfeffer	250 ml Rotweinessig
1 TL Salz	2 Dosen geschälte Tomaten (à 400 g)
1 TL gemahlener Piment	750 g gegarte weiße Bohnen (siehe Hinweis)
1 TL gemahlener Kreuzkümmel	

Das Olivenöl bei mittlerer Temperatur in einem großen Topf erhitzen. Zwiebel hineingeben und anschwitzen. Wenn die Zwiebel glasig ist, alle Gewürze in den Topf geben und 4 Minuten anbraten. Tomatenmark einrühren und 3 Minuten unter Rühren mitanbraten. Zucker und Essig hinzufügen und die Flüssigkeit um ein Drittel einkochen lassen, bis die Konsistenz dickflüssig ist.

Tomaten und so viel Wasser, wie in eine leere Tomatendose passt, in den Topf geben und aufkochen lassen. 5 Minuten bei hoher Temperatur kochen lassen, dabei die ganze Zeit rühren.

Die Temperatur wieder auf mittlere Hitze stellen. Die Bohnen in den Topf geben und ungefähr 15–25 Minuten köcheln lassen, bis sie den Tomatensaft und die Aromen schon etwas aufgesogen haben.

Ich serviere die Bohnen zum Frühstück als kleinen Gag in ehemaligen Sardinenbüchsen. Dazu gibt es reichlich getoastete Brotscheiben mit Butter. Im Kühlschrank halten sich die Bohnen eine Woche.

Hinweis: Sie können 2 Dosen (à 375 g) weiße Bohnen (Cannellini) verwenden oder 750 g gegarte getrocknete Bohnen. Die Bohnen aus der Dose gut abspülen und abtropfen lassen. Die getrockneten Bohnen (400 g) in reichlich Wasser einweichen (am besten über Nacht), dann abgießen und in kochendem Wasser so lange garen, bis sie weich sind (etwa 30 Minuten).

SALAT AUS DICKEN BOHNEN UND LINSEN MIT ZIEGENKÄSE UND BIRNE

FÜR 2 PERSONEN

Ich bin ganz versessen darauf, die Dicken Bohnen bis kurz vor der Zubereitung in ihren Schoten zu lassen. Aber müssen Sie auch die Haut entfernen, die die Samenkerne umgibt? Sind die Bohnen klein und gerade erntereif, lasse ich sie in ihrer Haut, sind sie schon größer und älter, entferne ich diese.

150 g junge Rote Bete, Wurzel und Stängelansatz entfernt

100 ml Rotweinessig

300 g gepalte Dicke Bohnen (siehe Hinweis), blanchiert

50 g gegarte, zimmerwarme Puy-Linsen (siehe Seite 290)

1 Birne (z. B. Williams Christ)

30 g grob gehackte Walnusskerne

50 ml weißer Balsamico-Essig

50 ml bestes Olivenöl

3 EL gehackte glatte Petersilie

50 g junge rote Mangoldblätter, zerkleinert

1 Handvoll Gartenkresse

Meersalz und frisch gemahlener schwarzer Pfeffer

200 g Ziegenfrischkäse, grob zerkleinert

Rote Bete, Rotweinessig und 500 ml Wasser in einem Topf aufkochen lassen. Die Bete darin 35–45 Minuten köcheln lassen bzw. so lange, bis sie weich ist. Den Topf vom Herd ziehen und die Rote Bete in der Flüssigkeit so lange abkühlen lassen, bis man sie anfassen kann. Die Schale mit den Fingern abziehen (besser Gummihandschuhe anziehen, damit die Finger nicht violett verfärbt werden). Die Flüssigkeit weggießen, die Beten halbieren und beiseitestellen.

750 ml Wasser mit etwas Salz in einem Topf aufkochen. Die Dicken Bohnen hineingeben und 2 Minuten kochen lassen. Abgießen, kalt abschrecken, dann die Häute abziehen. Die Bohnen in eine große Schüssel geben und mit einer Gabel ein wenig zerdrücken. Die Linsen zugeben.

Die Birne vierteln, entkernen und in kleine Würfel schneiden. Zu den Bohnen in die Schüssel geben. Walnüsse, weißen Balsamico, Olivenöl, Petersilie, Mangold und Kresse (von Mangold und Kresse etwas für die Garnitur beiseitelegen) hinzufügen und mit Salz und Pfeffer würzen. Die Zutaten vorsichtig mischen.

Zum Servieren auf jeden Teller etwas Ziegenkäse geben, die Rote-Bete-Hälften darauflegen. Dann etwas von der Bohnen-Linsen-Mischung darauf verteilen. Einige Löffel Ziegenkäse daraufgeben, dann das Ganze mit Mangold und Kresse garnieren.

Hinweis: Für 300 g gepalte Dicke Bohnen benötigt man rund 1 kg Schoten.

PLIN-RAVIOLI MIT ERBSEN, MASCARPONE UND SALBEIBUTTER

FÜR 4–6 PERSONEN

Im Oktober 2010 habe ich als australischer Vertreter von Slow Food Melbourne an der legendären Food-Konferenz Terra Madre in Turin im Piemont teilgenommen. Hier, im Feinschmeckerzentrum Eataly, lernte ich die wohl besten Plin-Ravioli meines Lebens kennen. Traditionell besteht diese Piemonteser Spezialität aus einem Pastateig mit viel Eigelb, der wie Ravioli mit gehacktem Kaninchen-, Schweine- oder Kalbfleisch gefüllt wird. In meiner Variante bereite ich eine vegetarische Füllung zu, die, wie ich finde, ebenso gut ist, und serviere dazu die Salbei-Buttersauce des Originals. Wie beim Brot variieren auch die Rezepte für Pasta von Region zu Region und von Land zu Land. Im Piemont enthalten die Pastateige mehr Eigelb als irgendwo sonst. Ich habe viele Rezepte für ganz unterschiedliche Pastaformen und -größen gesammelt, und das Rezept, das Sie hier finden, eignet sich hervorragend für Plin-Ravioli und Tortellini. Wenn Sie aber Spaghetti oder Linguine zubereiten möchten, rate ich Ihnen, ein Rezept mit weniger Eigelb zugrunde zu legen.

Für die Pasta

210 g Eigelb (etwa 10 Stück Größe M, siehe Hinweis)

240 g Weizenmehl (Type 550)

Für die Erbsen-Mascarpone-Füllung

250 g TK-Erbsen

100 g Mascarpone

1 EL Schnittlauchröllchen

Meersalz und frisch gemahlener schwarzer Pfeffer

Zum Servieren

100 g Butter, gewürfelt

25 ml bestes Olivenöl

30 kleine Salbeiblätter (oder 15 normal große Blätter, grob gehackt)

100 g ausgepalte frische Erbsen

2 Handvoll Rucola, verlesen und gewaschen

100 g Parmesan, fein gerieben

Für die Pasta Eigelbe und Mehl in die Küchenmaschine oder eine Rührschüssel geben. Mit dem Rührgerät oder in der Küchenmaschine auf kleiner Stufe die Zutaten vermengen. Weiterrühren, auch wenn das Ganze zu Beginn trocken aussehen mag, bis ein glatter Teig entsteht. Den Teig und letzte Teigbrösel herausnehmen und auf einer sauberen Arbeitsfläche so lange durchkneten, bis Eigelbe und Mehl wirklich vollständig verbunden sind. Das dauert etwa 5 Minuten. Den Teig in Frischhaltefolie einwickeln und 2 Stunden ruhen lassen.

Für die Erbsen-Mascarpone-Füllung die tiefgekühlten Erbsen 3–4 Minuten in Salzwasser kochen. Abgießen und im Mixer fein pürieren. Erbsenpüree in eine Schüssel füllen, Mascarpone und Schnittlauch unterrühren und mit Salz und Pfeffer würzen. Zugedeckt 30 Minuten kalt stellen.

Für die Plin-Ravioli wird der Teig traditionell mit der Hand ausgerollt, doch ich nehme die Nudelmaschine. Es dauert etwa 1 Stunde, die Ravioli herzustellen. Den Teig vierteln. Ein Teigviertel nehmen und die anderen mit einem Küchenhandtuch abdecken. Den Teig auf leicht bemehlter Arbeitsfläche mit einem Nudelholz ein wenig ausrollen, damit er in die Nudelmaschine passt. Die dickste Teigstärke einstellen – bei meiner Nudelmaschine ist das Stufe 7. Ich drehe den Teig zweimal durch, dann reduziere ich die Teigstärke um zwei Stufen und drehe den Teig wieder zweimal durch. Wiederholen, bis Sie im letzten Durchgang die vorletzte Stufe (bei mir ist das Stufe 2) erreicht haben.

Die Teigbahn sollte danach rund 90 cm lang sein. Die Bahnen halbieren und auf die leicht bemehlte Arbeitsfläche legen. Nun einen Streifen der Länge nach zusammenfalten, mit einem Finger an der Falzkante entlangfahren und dann wieder auseinanderfalten. Mit den anderen Teigbahnen ebenso verfahren. Im Abstand von 3 cm je ½ Teelöffel Füllung auf die Falzlinie geben und mit dem Backpinsel den oberen Rand des Streifens mit Wasser befeuchten. Den unteren Teil des Streifens darüberklappen und zwischen den Füllungen andrücken. Mögliche Luftblasen sanft herausdrücken. Mit einem Teigrad einmal an der Oberkante entlangfahren, damit eine geriffelte Kante entsteht. Dann zwischen den Füllungen entlangrollen. Die Plin-Ravioli auf ein bemehltes Blech legen. Mit dem restlichen Teig und der restlichen Füllung so fortfahren.

In einen Topf (3 l Fassungsvermögen) 1,5 l Wasser gießen, etwas Salz zugeben und aufkochen lassen. Eine große Pfanne bei schwacher Temperatur erhitzen. Die Plin-Ravioli in das kochende Wasser geben und 4–5 Minuten garen. Abgießen.

In der Zwischenzeit Butter und Öl in die heiße Pfanne geben, die Temperatur auf mittlere Hitze erhöhen und die Butter so lange erhitzen, bis sie eine hellbraune Farbe angenommen hat. Dann Salbeiblätter und Erbsen zugeben und 1 Minute braten.

2 EL vom Kochwasser zugeben und die Temperatur wieder auf schwache Hitze stellen. Die abgegossenen Plin-Ravioli zugeben, auf mittlere Hitze stellen und die Ravioli in der Butter wenden. Die Ravioli auf Teller verteilen und mit der restlichen Butter beträufeln. Mit Rucola und Parmesan anrichten. Sie können das Ganze anreichern, indem Sie die Ravioli auf etwas Kürbis-Joghurt-Püree (siehe Seite 253) anrichten.

Hinweis: Wenn der Pastateig sehr gut werden soll, ist es sinnvoll, die Eigelbe zu wiegen. Das gilt vor allem dann, wenn Bio- oder Freilandeier verwendet werden. Sie sind nicht immer gleich groß.

1 *Rollen Sie aus dem Pastateig rund 90 cm lange Bahnen aus.*

2 *Geben Sie in die Mitte des Streifens im Abstand von 3 cm jeweils ½ Teelöffel von der Erbsen-Mascarpone-Füllung.*

3 *Bestreichen Sie den oberen Pastarand mit Wasser.*

4 *Klappen Sie den Teig über die Füllung.*

5 *Drücken Sie vorsichtig den Teig neben den Füllungen fest und streichen Sie rundherum über den Teig, um Luftblasen zu entfernen.*

6 *Mit einem Teigrad am oberen Rand entlangfahren, um eine geriffelte Kante zu bekommen.*

BOHNENSALAT MAL GANZ ANDERS

FÜR 4 PERSONEN

Dies ist eine Abwandlung eines Salats, den ich zubereitet habe, als ich für Andrew McConnell tätig war. Die normale »Hausversion« besticht durch geschmackliche Kontraste.

2 kleine rote Zwiebeln, mit Schale

300 g grüne Bohnen, geputzt

300 g gelbe Bohnen, geputzt

375 g gegarte Cannellinibohnen (siehe Hinweis)

3 Romatomaten, geviertelt, entkernt und in schmale Streifen geschnitten

1 Bund Basilikum oder 20 Basilikumblätter, fein gehackt

Meersalz und frisch gemahlener schwarzer Pfeffer

Für das Dressing

1 EL Dijonsenf

75 g Crème fraîche

90 ml bestes Olivenöl

2 EL guter Weißweinessig

Meersalz und frisch gemahlener schwarzer Pfeffer

Den Backofen auf 200 °C vorheizen. Die Zwiebeln in Alufolie einwickeln und für 15–20 Minuten in den Backofen legen bzw. so lange, bis man mit einem Messer leicht in die Zwiebeln stechen kann. Zwiebeln aus dem Ofen nehmen, auswickeln und abkühlen lassen.

In einem Topf 1 l Salzwasser aufkochen. Grüne und gelbe Bohnen in den Topf geben und 4 Minuten darin garen. Sie müssen noch Biss haben. Bohnen abgießen und mit eiskaltem Wasser abschrecken. Abtropfen lassen und in eine große Schüssel geben. Bohnen, Tomaten und Basilikum hinzugeben. Die abgekühlten Zwiebeln abziehen, achteln und mit in die Schüssel geben. Mit Salz und Pfeffer würzen.

Für das Dressing Senf und Crème fraîche verrühren, dann die restlichen Zutaten unterrühren.

Das Dressing über die Bohnen gießen und die Zutaten vorsichtig mischen. Sofort servieren. Der Salat schmeckt noch am nächsten Tag sehr gut, wenn Sie ihn in einem luftdichten Behälter im Kühlschrank aufbewahren.

Hinweis: Sie können für diesen Salat abgespülte und abgetropfte Cannellinibohnen aus der Dose (375 g) verwenden oder 375 g gekochte getrocknete Cannellinibohnen. Dafür von den Trockenbohnen 200 g in reichlich Wasser einweichen (am besten über Nacht) und anschließend 30 Minuten in kochendem Wasser garen.

Vor der Aussaat die Saatkörner
24 Stunden in Wasser
einweichen.

JE SCHNELLER DIE BETE WÄCHST, DESTO
SCHMACKHAFTER UND ZARTER IST SIE.

REICH AN ANTIOXIDANTIEN
UND NÄHRSTOFFEN

Denke ich an Rote Bete – ihre schöne
Farbe, ihre Erdigkeit und Süße –,
wird mir einfach warm ums Herz.

Erträgt leichten Frost

ROTE BETE

ROTE BETE

Die Rote Bete nimmt bei meinen Lieblingsgemüsesorten den zweiten Platz gleich hinter den Möhren ein. Mir wird warm ums Herz, wenn ich an sie denke. Sie hat eine schöne, leuchtende Farbe und schmeckt erdig und süß zugleich. Und sie färbt Hände und Kleidung. Ich finde sie göttlich!

STOLZ UND FREUDE MEINES GROSSVATERS

Mit Rote Bete – auch Rote Rüben genannt – bin ich aufgewachsen. Mein Großvater Tom hatte sie überall im Garten, auch zwischen seinen Rosen und überall dort, wo Platz war. Ich erinnere mich daran, wie er riesige Rüben aus dem Boden zog, sie einfach viertelte und dann im Ganzen briet. Dazu gab es nur etwas Essig. Eines seiner anderen Rezepte war eingelegte Rote Bete mit Rotkohl. Er hobelte beides in Streifen und füllte es in Gläser. Dann erhitzte er Malzessig mit braunem Zucker, Muskat und Zimt und goss diesen Sud über das Gemüse in die Gläser. Dann wurden die Gläser versiegelt und standen überall im Haus herum – ich sehe die Gläserreihen im Vorratsschrank noch vor mir. Das eingelegte Gemüse schmeckte vorzüglich.

ANBAU

Neben Möhren und Radieschen habe ich im Lauf der Jahre auch ganz erfolgreich Rote Bete angebaut. Sie ist eine dankbare Pflanze. Vielleicht hat das damit zu tun, weil ich sie so ästhetisch finde. Selbst die Saat der Roten Bete sieht schön aus – sie hat Ähnlichkeit mit Nelken. Eigentlich heißt es, dass man das ganze Jahr über Rote Bete aussäen könne, aber ich finde, dass im Hochsommer der mittlere Stängel der Bete zu früh austreibt und blüht. Dadurch wird die Wurzelknolle holzig. Wenn man im Spätsommer oder im Herbst sät, wachsen die Knollen langsamer und bleiben zart. Am allerbesten aber werden sie im Frühling. Und dann schmecken sie auch besonders gut!

SORTEN

Sein Gemüse selbst anzubauen, hat in den vergangenen Jahren an Popularität gewonnen. Das liegt mit daran, dass mittlerweile eine Vielzahl von alten Kulturpflanzen angeboten wird. Da gibt es dunkelrote Betensorten und solche, die mit ihren rosa-weißen Streifen wie Lollies aussehen. Beide sind beeindruckend. Dann gibt es noch die Gelbe Bete, die auch immer häufiger in Supermärkten angeboten wird. Eine andere schöne alte Kulturpflanze ist die Cylindra. Sie ist länger und schmaler als die gewöhnliche Rote Bete, bereichert aber mit ihrer leuchtenden Farbe jedes Essen.

Damit die gestreifte Bete und die Gelbe Bete ihre Farbe behalten, sollte man sie am besten roh servieren. Schneiden Sie sie einfach in dünne Scheiben oder in Juliennestreifen. Wenn Sie einige hübsche kleine Rote- und Gelbe-Bete-Knollen haben, können Sie diese auf die Schnelle einlegen. Kochen Sie die Rüben mit Weißwein, Essig, Salz und Pfefferkörnern in Wasser. Bei Roter Bete verwenden Sie Rotwein und Rotweinessig, bei Gelber Bete Weißwein und Weißweinessig.

GAREN

Es gibt eine Faustregel, an die ich mich beim Kochen von Gemüse halte: Gemüse, das unter der Erde wächst (etwa Kartoffeln, Bete oder Möhren), kommt gleich mit kaltem Salzwasser in den Topf. Es wird nicht erst ins kochende Wasser gegeben. Auf diese Weise gart das Gemüse gleichmäßig. Die Bete müssen Sie vor dem Garen nicht schälen. Schneiden Sie lediglich mit einem scharfen Messer den Stängel bis auf 1 cm ab und waschen Sie die Bete gründlich, denn in den Stängelresten und Blättern kann Sand stecken. Kochen Sie die Bete, bis sie gar ist (eine Messerspitze sollten Sie leicht hineinstechen und wieder herausziehen können), dann lassen Sie die Bete einige Minuten im Wasser ruhen, bis sie etwas abgekühlt ist. Jetzt ziehen Sie Gummihandschuhe an, nehmen die Bete heraus und schälen sie. Die Schale lässt sich am besten mit den Fingern abziehen. Wenn die Rote Bete gar ist, geht das ganz leicht.

Das Großartige an Rote Bete: Sie können jedes noch so kleine Stück von ihr nutzen. Der Stängel schmeckt gut, wenn man ihn kurz anbrät, die kleinen Blätter können Sie gut gewaschen für einen Salat verwenden und die großen können Sie zerkleinern und wie Blattspinat zubereiten. Tatsächlich wurde die Rote Bete zu Beginn ihrer Kultivierung im Mittelmeerraum und Mittleren Osten vor allem zu medizinischen Zwecken und als Färbemittel eingesetzt. Mehrere hundert Jahre lang wurden nur die Blätter verzehrt, bis irgendwann ein kluger Kopf beschloss, auch der Wurzel eine Chance zu geben.

Mittlerweile ist die Rote Bete nahezu weltweit verbreitet. Am liebsten und am meisten gegessen wird sie jedoch in Großbritannien, Skandinavien und Osteuropa. Und was täten die Russen ohne ihr Nationalgericht Borschtsch, diesen wunderbaren, wärmenden, rosenfarbenen Eintopf? Das kräftige Aroma der Rote-Bete-Knollen harmoniert überaus gut mit fettem Fisch, wie Lachs oder Makrele, und schmeckt auch gut zu Kabeljau. Zu Fleisch und Innereien ist Rote Bete ein echter »Knaller« und auch ganz ohne Begleitung kommt sie wie eine Diva daher. Ich liebe es, sie mit der Schärfe von Meerrettich oder Senf zu kombinieren, denn auf diese Weise wird ihre natürliche Süße zusätzlich betont. Und als Grundlage für einen sahnigen Ziegen- oder Fetakäse ist die Rote Bete einfach unschlagbar. Hier handelt es sich um klassische Kombinationen, mein persönlicher Favorit ist eine Scheibe eingelegte Rote Bete auf knusprigem Weißbrot und dazu eine Scheibe gekochten Schinken.

Damit Ihr Schneidebrett nicht die violette Farbe annimmt, habe ich einen kleinen Tipp für Sie: Wickeln Sie das Brett in Klarsichtfolie, bevor Sie die Rote Bete reiben oder schälen. Danach nehmen Sie die Folie wieder ab und werfen sie in den Müll. Clever, oder?

ROTE-BETE-SAFT MIT SELLERIE, APFEL UND INGWER

ERGIBT 2 GROSSE GLÄSER À 400 ML

*Morgens bin ich jemand, der ein Eier-und-Speck-Sandwich braucht, und dieses erfrischende
Getränk passt einfach fantastisch dazu. Es weckt alle Sinne und spendet Energie für den Tag.
Auch wenn mir das nicht so oft passiert – der Saft hilft auch gegen einen Kater.*

100 g frischer Ingwer	200 g Möhren (etwa 3 Stück)
600 g Rote Bete (etwa 2 große)	400 g Äpfel (etwa 3 Stück)
200 g Stangensellerie (etwa 4 Stangen)	10 Eiswürfel

Das Gute an diesem Rezept: Man muss nichts schälen. Alle Zutaten einfach so klein schneiden, dass sie
in die Öffnung Ihres Entsafters passen. Entsaften Sie Gemüse und Obst und gießen Sie den Saft auf Eis-
würfel. Ich mag es gern, wenn der Saft sehr kalt ist, aber das ist kein Muss. Sofort trinken.

ROTE-BETE-SALAT MIT RÄUCHERAAL UND BRESAOLA

Eine herrliche Vorspeise für den Herbst. Die Aale haben sich im Verlauf des Sommers genügend Fett angefressen, das sie für den langen, kalten Winter brauchen. Jetzt wiegen sie richtig viel. Die bitteren Blätter des Chicorées, die erdige Rote Bete und die frische Säure der Blutorange verwöhnen Ihren Gaumen mit vielen wunderbaren Aromen und Texturen. Darauf ein bisschen frisch geriebener Meerrettich schmeckt einfach göttlich!

2 Bund Rote Bete (möglichst unterschiedliche Sorten)

1 großer geräucherter Aal, enthäutet und filetiert

1 große Blutorange, filetiert, Saft aufgefangen

150 ml bestes Olivenöl

Meersalz und frisch gemahlener schwarzer Pfeffer

8 Scheiben Bresaola oder anderer Rinderschinken

1 Chicorée, Blätter abgezupft

1 kleiner Radicchio, Blätter abgezupft und zerkleinert

1 Kopf Friséesalat, nur das Herz, Blätter abgezupft und zerkleinert

3 EL Crème fraîche

2 EL kleine Kapern, abgespült

Den Backofen auf 180 °C vorheizen.

4 Rote-Bete-Knollen waschen, mit dem Gemüsehobel in dünne Scheiben schneiden. In eine Schüssel mit kaltem Wasser legen. Einen Topf (2 l Fassungsvermögen) mit Wasser füllen, Salz und übrige Rote Bete hineingeben. Zum Kochen bringen und 7–11 Minuten gar köcheln lassen. Abkühlen lassen.

Jedes Aalfilet in fünf Stücke teilen und auf ein Backblech legen. Den Blutorangensaft mit dem Olivenöl in einer Schüssel verschlagen, salzen und pfeffern. Die abgekühlte Rote Bete schälen, halbieren und in eine große Schüssel geben. Schinken, Chicorée und Radicchio zugeben und mischen. Dann Frisée und Blutorangenfilets unterheben und mit dem Dressing aus Blutorangensaft und Olivenöl beträufeln.

Das Blech mit dem Aal in den Backofen schieben und 5 Minuten erhitzen. In der Zwischenzeit auf jeden Teller einen Klecks Crème fraîche geben, den Rote-Bete-Salat darauf anrichten, restliche Crème fraîche darauf verteilen und das Ganze mit Kapern bestreuen. Die rohen Rote-Bete-Scheiben abseihen und ebenfalls auf den Tellern anrichten. Zum Schluss die Räucheraalstücke zugeben. Mit dem restlichen Dressing beträufeln und servieren.

ROTE BETE AUS DEM OFEN
MIT RICOTTA UND MINZE

FÜR 4 PERSONEN ALS BEILAGE

Ich liebe Rote Bete, und dieses einfache Rezept ist eine von vielen Möglichkeiten, sie zu genießen. Gegartes Gemüse ohne viel Tamtam – das sollten wir überhaupt viel mehr wertschätzen.

4 Rote Beten (200 g), gewaschen und geputzt	25 ml Rotweinessig
Olivenöl zum Beträufeln	250 g Ricotta, zerkrümelt
Fleur de Sel oder grobes Meersalz und frisch gemahlener schwarzer Pfeffer	1 EL grob gehackte Minzeblätter

Den Backofen auf 220 °C vorheizen.

Für jede Rote Bete zwei Stücke Alufolie auf die Arbeitsfläche legen, und zwar quer übereinander, um ein Kreuz zu bilden. Die Rote Bete in die Mitte setzen, mit Olivenöl beträufeln und mit Salz und Pfeffer würzen. Dann die Rote Bete vollständig in Folie einwickeln. Die Folien-Rote-Bete auf ein Backblech setzen und im Backofen in 1 Stunde garen. Für die Garprobe einen Metallspieß in die Knollen stechen.

Sind sie gar, die Roten Beten vorsichtig auf einen Servierteller legen und auswickeln. Die Knollen kreuzweise (wie ein »X«) einschneiden und wie bei einer Ofenkartoffel etwas auseinanderdrücken. Einige Minuten abkühlen lassen.

Kurz vor dem Servieren den Rotweinessig darüberträufeln, Ricotta und Minze daraufgeben und mit etwas Salz und Pfeffer würzen. Am besten löffeln Sie die Rote Bete aus und essen die Schale nicht mit.

ANFÄLLIG FÜR
BLATTLÄUSE UND RAUPEN
DES KOHLWEISSLINGS

PFLANZEN
APRIL BIS AUGUST

40 cm Abstand zwischen
den Pflanzen

⊕ GUTE GESELLSCHAFT:

Dill
Salbei
Minze
Rote Bete
Kapuzinerkresse
Blattsalat

BROKKOLI

Reiste mit den Römern
durch die ganze Welt.

BROKKOLI

Brokkoli gehört zur großen Brassica-Familie. Viele meiner bevorzugten Gemüsesorten sind Teil dieser Familie – etwa Kohl, Rosenkohl und Blumenkohl. Sie alle schmecken am besten im Herbst, Winter und Frühling und sie alle wachsen langsam. Für Brokkoli bedeutet das, dass von der Pflanzung bis zur Ernte 3–4 Monate vergehen.

HEISS GELIEBT

Die Heimat der Brokkolipflanze ist Italien, dort wird sie seit der Zeit des Römischen Reiches kultiviert. Im Kochbuch des Apicius aus dem 1. Jh. n. Chr. – eines der frühesten Kochbücher, das überliefert ist – wird das Gemüse bereits erwähnt. Der römische Feinschmecker gewährt uns Einblick in das, was die alten Römer sonst noch so aßen und anpflanzten.

Alle Mitglieder der *Brassica*-Familie stammen nämlich ursprünglich vom Kohlkopf ab. Brokkoli wurde von Bauern zumeist selektiv wegen seiner blühenden Köpfe (wenn Sie wollen, eine Art früher genetischer Mutation) angebaut und wurde erst allmählich zu einer eigenständigen Gemüsesorte. Da der Brokkoli mit den Römern durch die ganze Welt reiste, zog er in viele Küchen ein und bereicherte die Ernährung. Asiaten lieben Brokkoli und essen die ganze Pflanze. Sie schälen das holzige Äußere des Stängels ab und schneiden den süßlichen Innenteil in Scheiben, die sie dann im Wok braten. In Italien fand der Brokkoli Eingang in klassische Gerichte wie Orecchiette (Öhrchennudeln) mit Chili, Öl, Semmelbröseln und Parmesan – das Brokkoli-Aroma kommt in diesem Gericht so richtig zur Geltung. Und dann sind da noch die Blätter des Brokkolis: zart und süß, wenn man sie sautiert.

SORTENVIELFALT

Mittlerweile gibt es mehrere Sorten, es handelt sich jedoch um relativ neue Züchtungen wie etwa den Calabrese, den man hauptsächlich in unseren Supermärkten findet. Daneben gibt es noch Hybriden wie Brokkolini (auch Spargelbrokkoli genannt), eine Kreuzung aus Brokkoli und chinesischem Kai-lan, mit kleineren Blüten und langen, feinen Stängeln. Der Romanesco ist eine Variante des Blumenkohls. Er gleicht in seinem Geschmack jedoch dem Brokkoli und sieht überaus bizarr aus: Er ist von hellgrüner Farbe, läuft spitz zu – es sieht so aus, als ob er eine Krone trüge – und seine Blume ist dicht wie beim Blumenkohl.

ZUBEREITEN

Wenn Sie Brokkoli oder ein anderes grünes Gemüse garen, sollte Ihnen eines bewusst sein: Sobald das Gemüse seine leuchtend grüne Farbe verliert und dunkel wird, beginnt es seine

Nährstoffe zu verlieren. Bei einer Pflanze wie Brokkoli wäre das sehr schade, denn sie ist reich an Vitamin A, enthält sehr viele B-Vitamine und sogar reichlich Vitamin C, dazu noch wertvolle Mineralstoffe wie Folsäure, Kalzium, Mangan und Zink. Damit so viele Vitamine wie möglich im Brokkoli erhalten bleiben (und nicht im Kochwasser auslaugen, das Sie in den Abfluss kippen), schneiden Sie den Brokkoli in kleine Röschen. Das reduziert die Kochzeit. Sie können ihn auch roh probieren – bereiten Sie ihn zu wie den Blumenkohl im Blumenkohlsalat auf Seite 110. Was für viele andere Gemüse gilt, gilt auch für Brokkoli: Er sollte stets al dente serviert werden, nicht zerkocht, also noch einen leichten Biss haben.

ANBAU

Wenn Sie Ihren eigenen Brokkoli anbauen möchten, denken Sie daran, dass er zur *Brassica*-Familie gehört. Lassen Sie sich nicht dazu hinreißen, ihn im Sommer zu pflanzen. Wenn Sie dies tun, wird der Brokkoli holzig und blühen, bevor er sein eigentliches Haupt ausgebildet hat. Und statt Röschen werden Sie spindeldürre Blümchen haben. Setzen Sie Brokkoli im Herbst, Winter oder Frühling in die Erde.

Die *Brassica*-Gattung ist für diverse Schädlinge anfällig. Brokkoli zieht vor allem die Weiße Fliege und die Kohlmotte an. Mit einem Pyrethrinspray werden Sie die Plagegeister los, aber es funktioniert auch mit natürlicher Abschreckung: Pflanzen Sie zum Brokkoli Thymian oder Rosmarin. Ihr kräftiger Geruch hält die Kohlmotte fern. Auch Dill ist ein gutes Begleitkraut, denn er lockt die räuberischen Wespen an, die über die Motten herfallen. Wenn Sie allerdings nicht so viele Wespen in Ihrem Garten haben wollen, nehmen Sie lieber Thymian und Rosmarin.

Brokkoli ist frosthart, allerdings noch nicht als ganz junge Pflanze. Sind Ihre Pflanzen noch jung und es droht Frost, sollten Sie Ihre Babys schützen. Nehmen Sie eine große leere PET-Flasche (1,5 oder 2 l), schneiden Sie sie in der Mitte durch und stülpen Sie die Flaschenhälften über Ihre Setzlinge. Das schützt sie nicht nur vor Frost, sondern hält auch Schnecken fern. Sie können die Pflanzen zum Schutz auch eng nebeneinander pflanzen. Wenn Sie erst einmal angewachsen und kräftig sind, halten Sie Ausschau nach Anzeichen für ein baldiges Blühen. Sobald Sie eine Blüte sehen, schneiden Sie diese ab. Das hindert die Pflanze an der Samenbildung und der Kopf wird fester.

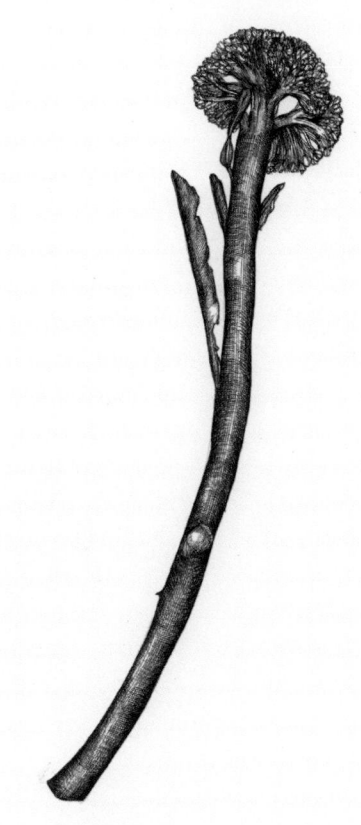

LINGUINE MIT BROKKOLI, KRÄUTERN UND HASELNUSSCROÛTONS

FÜR 2 PERSONEN
(BESONDERS GUT FÜR EILIGE)

Auch wenn Sie dieses schnelle und einfache Gericht noch nie zuvor zubereitet haben:
Sie werden es ganz bestimmt lieben.

Für die Haselnusscroûtons

30 g Haselnusskerne

50 g Ciabatta-Brot (mit Rinde), in kleine Würfel geschnitten

1 EL abgezupfte Thymianblätter

Salz

200 g Linguine

30 g Butter

25 ml Olivenöl

100 g gewürfelter durchwachsener Speck (nach Belieben)

2 Schalotten, in dünne Scheiben geschnitten

1 Knoblauchzehe, in dünne Scheiben geschnitten

½ rote Chilischote, entkernt, klein geschnitten

6 Sardellen

1 Brokkoli (etwa 350 g), Röschen und Stängel gehackt

3 EL Weißwein

8 große Basilikumblätter, in feine Streifen geschnitten

½ Bund glatte Petersilie, Blätter abgezupft und gehackt

Saft von 1 Zitrone

frisch gemahlener schwarzer Pfeffer

fein geriebener Parmesan zum Servieren

Für die Haselnusscroûtons den Backofen auf 180 °C vorheizen. Die Haselnusskerne 5–10 Minuten rösten, dann in ein Küchenhandtuch geben und von den noch warmen Kernen die Schale abreiben. Kerne grob hacken und in eine große Schüssel geben. Beiseitestellen. Backofentemperatur auf 200 °C erhöhen. Brotwürfel auf ein Backblech legen und 3–5 Minuten backen. Mit dem Thymian zu den Nüssen geben. 2 Liter Salzwasser aufkochen. Linguine hineingeben und al dente kochen. Topf von der Herdplatte ziehen.

In der Zwischenzeit Butter und Öl in einer großen Pfanne erhitzen, Speck dazugeben und anbraten. Schalotten, Knoblauch und Chili hinzufügen, die Temperatur reduzieren und die Schalotten glasig schwitzen. Die Temperatur auf mittlere Stufe stellen und Sardellen und Brokkoli in die Pfanne geben. Unter ständigem Rühren 4 Minuten braten. 3 EL vom Nudelkochwasser abnehmen und mit dem Wein zur Pasta geben, dann die Temperatur auf höchste Stufe stellen und die Flüssigkeit auf ein Viertel einkochen lassen. Pasta abgießen und in die Pfanne geben. Die Zutaten gut mischen. Kräuter, Zitronensaft und Pfeffer unterrühren. Linguine auf Tellern anrichten und mit Parmesan und Croûtons bestreuen.

BROKKOLI MIT KAPERN-ROSINEN-DRESSING

FÜR 4–6 PERSONEN

Dieses Dressing passt nicht nur gut zu Brokkoli, sondern auch zu einem einfachen gegrillten Steak. Probieren Sie es auch zu anderem Gemüse und zu Fisch. Glauben Sie mir, Sie werden sich in dieses Dressing verlieben – ein modernes Pesto. Im Kühlschrank hält es sich tagelang, solange es mit Olivenöl bedeckt ist.

2 kleine Brokkoli

Meersalz

Kapern-Rosinen-Dressing

1 EL kleine Kapern, abgespült

1 EL Rosinen, 5 Minuten in warmem Wasser eingeweicht und abgetropft

3 Sardellen

1 Birdeye-Chilischote (oder andere rote Chili-sorte), halbiert, die Samen entfernt und fein gehackt

1 Knoblauchzehe, zerdrückt

5 Basilikumblätter

1 EL Balsamico-Essig

Saft von ½ Zitrone

100 ml bestes Olivenöl

Fleur de Sel oder grobes Meersalz

frisch gemahlener schwarzer Pfeffer

Für das Dressing die festen Zutaten in einen großen Mörser geben und mit dem Stößel zerstampfen, bis eine dicke Paste entsteht. Die flüssigen Zutaten zugeben und nach Geschmack salzen und pfeffern. Vorsicht beim Salz – Sardellen und Kapern sind bereits salzig. Dressing beiseitestellen.

Die Stängel der Brokkolis schälen und die Röschen (mit einem kleinen Stück Stängel daran) abschneiden. Den Strunk wegwerfen. Das Gemüse sieht zum Schluss, abgesehen von einigen Röschen, wie handgepflückte Babybrokkoli aus.

1 l Wasser mit etwas Salz aufkochen. Brokkoli hineingeben und 3 Minuten kochen lassen, dann abgießen. Brokkoli in eine Schüssel geben und reichlich Dressing darübergeben. Der Brokkoli sollte gut bedeckt sein.

BROKKOLINI MIT GETREIDE

FÜR 4 PERSONEN

Ein köstliches Essen zu gedämpftem weißfleischigem Fisch oder gebratenem Hummerschwanz (wenn Sie viel Geld haben oder gerade einen gefangen haben). Sie können eigentlich jede x-beliebige Getreideart verwenden. Ich empfehle jedoch, damit es schmackhaft wird, die hier aufgeführten.

1 kg Venusmuscheln, 20 Minuten in Wasser eingeweicht, gut abgespült, abgetropft

300 ml Weißwein

1 Tasse Quinoa, gekocht (siehe Seite 290)

1 Tasse Perlgraupen, gekocht (siehe Seite 290)

½ Tasse Dinkelschrot, gekocht (siehe Seite 290)

½ Tasse Fregola (sardische Pastakugeln aus geröstetem Hartweizengrieß), gekocht (siehe Seite 290)

1 Bund Brokkolini (in Asialäden oder gut sortierten Gemüseläden erhältlich) oder 1 kleiner Brokkoli, gehackt

2 EL Mascarpone

70 g Parmesan, fein gerieben

2 EL gehackter Sauerampfer

2 EL gehackte glatte Petersilie

6 gehackte Basilikumblätter

feines Meersalz und frisch gemahlener schwarzer Pfeffer

Einen großen Topf auf den Herd stellen und die Temperatur auf höchste Stufe stellen. Ist der Topf heiß, Muscheln hineingeben, dann den Wein. Den Deckel auf den Topf legen und die Muscheln 5–7 Minuten kochen lassen, bis sie sich geöffnet haben. Muscheln in ein feines Sieb schütten, die Flüssigkeit auffangen. Das Muschelfleisch aus den Schalen nehmen. Muscheln, die sich nicht geöffnet haben, wegwerfen, sie sind ungenießbar.

Den Topf säubern und das ganze Getreide hineingeben. So viel von dem Muschelsud zugeben, dass die Körner gut bedeckt sind (etwa 1,5 cm über dem Getreide). Reicht der Sud dafür nicht aus, mit Wasser auffüllen. Das Ganze aufkochen. Brokkolini und Muschelfleisch zugeben, auf mittlere Hitze schalten und köcheln lassen. Ist der Brokkolini gar, Mascarpone, Parmesan und Kräuter unterheben. Mit Salz und Pfeffer abschmecken und servieren.

ALLE MITGLIEDER
DER KOHLFAMILIE
MÖGEN DIE KÄLTE.

ROSENKOHL IST EINE GUTE QUELLE FÜR
INDOL-3-CARBINOL, EINE PHYTOCHEMISCHE SUBSTANZ,
DIE ZELLSCHÄDEN IN DER DNA REPARIERT UND DAS
WACHSTUM VON KREBSZELLEN BLOCKIEREN SOLL.

Als Mitglied der Brassica-Familie ist Rosenkohl eng verwandt mit Kohl, Brokkoli, Blumenkohl und Grünkohl. Im Gegensatz zu seinen Cousins hat er einen schlechten Ruf – völlig unverdient, wie ich finde.

ROSEN-KOHL

VOLLER VITAMINE

(BRASSICA OLERACEA GEMMIFERA)

ROSENKOHL

Wer schon einmal eine Rosenkohlpflanze gesehen hat, hat sich vermutlich gedacht, so etwas Hässliches sei nicht essbar. Man blickt auf einen seltsamen Stamm, an dem unzählige kleine grüne Knöpfe wachsen, und denkt: »Mein Gott, was ist das? Da ist ein Kohl auf Abwege geraten.« Und genau so ist es.

EIN EXTRAVAGANTER KOHL

Warum heißt der Rosenkohl auch Brüsseler Kohl? Nun, die offensichtliche Antwort lautet: Weil er von dort stammt. Aber es gibt nur wenige stützende Fakten, dass das wirklich stimmt, auch wenn er in Belgien gern gegessen wird. Sehr wahrscheinlich liegt seine Heimat in Europa, aber wie so oft waren es wieder einmal die Römer, die das Gemüse weltweit unter die Leute brachten.

Rosenkohl ist eine Abart bzw. kultivierte Sorte des Kohls, das heißt, er wurde vor allem wegen seiner kleinen Köpfe (Rosen) aus dem Kohl gezüchtet. Irgendwann wurde er eine Untergattung. Also, Rosenkohl ist nichts Merkwürdiges, es handelt sich bei den Röschen nur um Mini-Kohlköpfe.

OFT VERSCHMÄHT

Rosenkohl gehört zur *Brassica*-Familie und ist verwandt mit Kohl, Brokkoli, Blumenkohl, Kohlrabi und Grünkohl. Es handelt sich um ein Gemüse, das man liebt oder hasst, und leider hat es im Vergleich zu seinen anderen Verwandten einen schlechten Ruf. Völlig unverdient, wie ich finde.

Denn der Rosenkohl ist ein köstliches, kleines Gemüse, und ich habe ihn immer sehr gemocht. Ich erinnere mich noch an die Sonntagsessen bei meiner Großmutter (ein allwöchentliches Ereignis), als ich klein war. Meine Schwester Lucy bekam jedes Mal Ärger, wenn sie aufstand, um die Schüssel Rosenkohl möglichst weit weg von sich zu stellen. Sie konnte ihn nicht einmal in ihrer Nähe haben! Mich hat das nicht gestört, solange sie die Schüssel näher zu mir stellte. Für jedes Kohlköpfchen, das unsere Mutter Lucy zu essen zwang, habe ich bestimmt zwölf gegessen.

SCHONEND GAREN

Dennoch muss ich allen Müttern, Vätern, Großvätern und Großmüttern dieser Welt den Vorwurf machen, jegliches Leben aus dem Rosenkohl herausgekocht zu haben. Sie haben es geschafft, dass immer das ganze Haus danach roch – und es roch wirklich nicht gut. Auch meine Großmutter gehörte zu den Schuldigen. Sie konnte mir zwar das Gemüse damit nicht verleiden, aber sie hat es tatsächlich mindestens eine Stunde auf höchster Stufe gekocht, bevor es auf den Tisch kam. Die Kohlröschen sahen dann aus wie graue, von

Wasser durchtränkte Walnüsse und hatten absolut nichts Ansprechendes oder Grünes mehr an sich. Mit Sicherheit enthielten sie keine der wichtigen Vitamine und Mineralstoffe mehr, die von Natur aus in ihnen schlummern. Die hübschen Röschen sind nämlich normalerweise richtige Powerpakete voller Vitamine, außerdem enthalten sie viel Eiweiß und Antioxidantien. Man kann sie mit all den Modewörtern beschreiben, die eigentlich nur aussagen, dass das Gemüse gesund ist. Aber das ist nur dann der Fall, wenn es richtig gegart wird. Wie einfach das geht, verrate ich Ihnen hier.

Kochen Sie Rosenkohl niemals durch. Niemals! Kochen Sie ihn al dente – er sollte noch leichten Biss haben. Ist dies der Fall, ziehen Sie den Topf sofort vom Herd. Er gart dann noch einige Zeit weiter. Wenn Sie ihn anrichten, mit Olivenöl oder Butter und etwas Salz und Pfeffer, und auf den Tisch bringen, wird er geradezu perfekt sein. Sein Aroma ist fein und süßlich und dabei kräftig. Klassische Begleiter zum Rosenkohl sind Maronen, Thymian, Minze und Speck.

Es gibt noch andere interessante Möglichkeiten, Rosenkohl zuzubereiten. Sie können die Röschen fein hacken und in leicht gesalzenem Wasser garen. In der Zwischenzeit zerlassen Sie etwas Butter, bis diese aufschäumt, und schwenken die abgeseihten Rosenkohlstreifen darin. Würzen und sofort essen.

Eine meiner Lieblingsbeilagen sind die Blätter des Rosenkohls, die ich einzeln abpflücke. Dunklere oder welke Außenblätter sollten dann entfernt und nur die schönen inneren Blätter verwendet werden. Diese werden in kochendem Wasser blanchiert und anschließend mit kaltem Wasser abgeschreckt. Auf diese Weise verschwindet der »plastikartige« Belag an der Außenseite der Blätter und sie behalten ihre herrlich knackige kohltypische Oberfläche.

ANBAU

Rosenkohl lässt sich hervorragend anbauen und eignet sich vor allem für kleine Gärten, weil er in die Höhe wächst. Bis zur Ernte dauert es wie bei den meisten Angehörigen der *Brassica*-Familie etwas – rund 3 bis 6 Monate. Aber dann können Sie etwa 1 Kilo Röschen pro Pflanze ernten.

GESTAMPFTER ROSENKOHL MIT LAMMKARREE

FÜR 4 PERSONEN

Der absolute Clou: Wenn Sie zur »Hände weg vom Rosenkohl« Fraktion gehören, wird Sie dieses Essen eines Besseren belehren. Mit diesem Rezept gelingt das Gemüse immer. Minze und Essig mildern das Aroma des Rosenkohls ab, und ich persönlich kann mir nichts Besseres dazu vorstellen als ein gebratenes Lammkarree.

Olivenöl zum Anbraten

1–1,2 kg Lammkarree (siehe Hinweis)

12 Rosenkohlröschen

25 ml Olivenöl

25 ml guter Weißweinessig

1 Handvoll fein geschnittene Minzeblätter

Meersalz und frisch gemahlener schwarzer Pfeffer

Den Backofen auf 220 °C vorheizen. Das Olivenöl in einem großen Bratentopf 1 Minute auf höchster Stufe erhitzen. Das Lamm von allen Seiten im heißen Öl anbraten, bis es eine schöne hellbraune Kruste hat. Das dauert etwa 4 Minuten. Dann das Lammkarree in einem Bräter oder auf einem Blech 35–45 Minuten in den Backofen schieben. Das Karree aus dem Ofen nehmen und einige Zeit ruhen lassen. Dann in Scheiben schneiden.

In der Zwischenzeit den Strunk der Rosenkohlröschen abschneiden, die äußeren welken Blätter entfernen und die Röschen vierteln. Die Röschen in einen Topf geben (2 l Fassungsvermögen), mit Wasser bedecken und aufkochen. Anschließend 10–13 Minuten sanft köcheln lassen. Sofort abseihen. Rosenkohl wieder in den Topf geben und die Herdplatte auf niedrigste Stufe stellen. Die Röschen 1–2 Minuten ausdampfen lassen. Dann den Topf vom Herd nehmen und mit einem Kartoffelstampfer die Röschen grob pürieren (etwa 8- bis 10-mal durchstampfen). Olivenöl, Essig und Minze unterrühren, mit Salz und Pfeffer würzen und zum Lamm servieren.

Hinweis: Lammkarree ist das beste und zarteste Stück vom Lamm. Es liefert sowohl Lammkoteletts als auch saftige Bratenstücke.

GEBRATENE ROSENKOHLRÖSCHEN MIT ESSKASTANIEN IN VANILLESIRUP

FÜR 4 PERSONEN ALS BEILAGE

Ich habe es schon erwähnt: Rosenkohl schmeckt nur gut, wenn er nicht zerkocht wird. Wird er zu lange gegart, geht von ihm ein widerlicher Geruch aus und er schmeckt nach Großmutters Zubereitungsart. Folgen Sie ganz genau diesem Rezept und ich versichere Ihnen: Sie werden Rosenkohl lieben.

200 g Esskastanien

200 ml Vanillesirup (siehe Seite 157)

20–30 Rosenkohlröschen

50 ml Olivenöl

Meersalz und frisch gemahlener schwarzer Pfeffer

30 g Butter, gewürfelt

5 Zweige Thymian, Blätter abgezupft, fein gehackt

Den Backofen auf 220 °C vorheizen. Mit einem scharfen Messer die Esskastanien oben kreuzweise einritzen, dann auf ein Backblech legen und 5 Minuten in den Backofen schieben bzw. so lange, bis die Schale zu platzen beginnt. Kastanien etwas abkühlen lassen, dann noch warm schälen.

Die Ofentemperatur auf 200 °C reduzieren. Die geschälten Kastanien und den Vanillesirup in einen kleinen Topf geben und aufkochen. Anschließend bei schwacher Hitze 15–17 Minuten köcheln lassen. Beiseitestellen.

Den Strunk der Rosenkohlröschen abschneiden, die äußeren welken Blätter entfernen und die Röschen halbieren. (Sie können die äußeren Blätter wegwerfen oder daraus einen Rosenkohlblattsalat mit Mozzarella und Sardellen, siehe Seite 66, machen.) Eine große Pfanne auf höchster Stufe erhitzen. Olivenöl hineingeben und 1 Minute erhitzen. Dann die Rosenkohlröschen mit der Schnittseite nach unten in die Pfanne legen und 4 Minuten sautieren. Die Esskastanien mit einem Schaumlöffel aus dem Sirup nehmen und ebenfalls in die Pfanne geben. (Den Sirup wegschütten oder noch einmal verwenden.) Mit Salz und Pfeffer würzen, Butter und Thymian zugeben. Ist die Butter geschmolzen, einmal richtig gut umrühren. Die Rosenkohl-Kastanien-Mischung in einer ofenfesten Auflaufform verteilen und 12–15 Minuten in den Backofen schieben. Sofort servieren.

ROSENKOHLBLATTSALAT MIT MOZZARELLA UND SARDELLEN

FÜR 2 PERSONEN ALS VORSPEISE
ODER ALS BEILAGE

Erst wenn Sie dieses Rezept ausprobiert haben, wissen Sie, wie köstlich die Blätter des Rosenkohls schmecken. Sie können das Rezept natürlich variieren und andere Zutaten verwenden.

2 EL Walnusskerne

150 g äußere Blätter von Rosenkohlröschen

1 Handvoll Brunnenkresse

1 TL flüssiger Honig

30 ml Rotweinessig

50 ml bestes Olivenöl

2 EL Korinthen, 5 Minuten in warmem Wasser eingeweicht, abgegossen

8–12 Sardellenfilets

2 Schalotten, fein gehackt

1 Kugel Büffelmozzarella, in 8 Scheiben geschnitten

6 Basilikumblätter, gehackt

2 EL fein gehackte glatte Petersilie

Fleur de Sel oder grobes Meersalz

frisch gemahlener schwarzer Pfeffer

knuspriges Baguette zum Servieren

Den Backofen auf 180 °C vorheizen. Die Walnusskerne auf ein Backblech legen und 3–5 Minuten backen, bis sie einen leichten Duft verströmen. Etwas abkühlen lassen, dann grob hacken und beiseitestellen.

Salzwasser in einem Topf aufkochen lassen. Rosenkohlblätter hineingeben, aufkochen und 1 Minute kochen lassen. Abgießen und mit kaltem Wasser abschrecken. Die Blätter trocken tupfen und mit der Kresse in eine große Schüssel geben.

Für das Dressing den Honig in einem kleinen Topf bei schwacher Hitze erwärmen. Essig zugeben und aufkochen, dann das Olivenöl unterrühren und den Topf vom Herd nehmen. Korinthen und Walnüsse unterrühren.

Sardellen und Schalotten zum Rosenkohl geben und mit etwas Dressing mischen. Den Mozzarella auf Tellern anrichten, die Rosenkohlmischung daraufgeben, mit einem Teil des Dressings beträufeln und mit den Kräutern bestreuen. Mit Salz und Pfeffer würzen. Dazu Baguette und das restliche Dressing zum Dippen reichen.

EINE KRAUTIGE, ZWEIJÄHRIGE, ZWEIKEIMBLÄTTRIGE, BLÜHENDE PFLANZE

AUSGEZEICHNETER LIEFERANT VON VITAMIN Ⓚ & VITAMIN Ⓒ

Rotkohl bringt nicht nur eine schöne Farbe ins Essen. Wenn Sie etwas Essig und Zucker zugeben, verstärkt sich das natürliche süße Aroma.

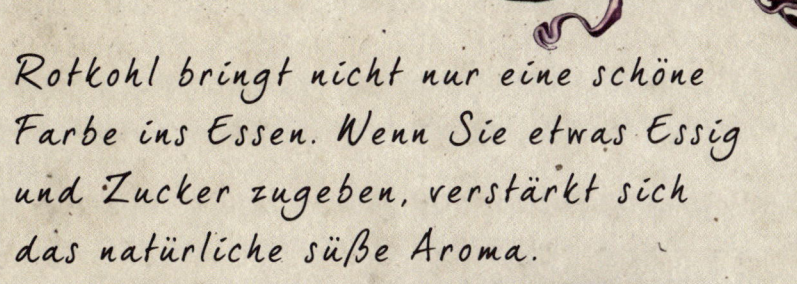

KOHL

Alle Mitglieder der Kohlfamilie mögen es kühl oder sogar kalt.

(BRASSICA OLERACEA VAR. CAPITATA)

KOHL

Sie vertragen Weißkohl nicht? Sie denken an den Geruch, die abstoßende Farbe oder an die Konsistenz schlechter Kohlgerichte, die Sie gegessen haben? Dann ist es Zeit, solche Vorurteile ad acta zu legen und noch einmal ganz von vorn anzufangen. Wie sein hübscher Cousin, der Rosenkohl, ist der Kohl in Verruf geraten. Dabei ist er wirklich ein leckeres und zartes Gemüse, das danach schreit, respektiert und gut behandelt zu werden.

KIND AUS DEM KOHLFELD

Meine erste Erinnerung an Kohl sind die kurzen Fahrten von Barnsley, wo wir lebten, nach Darfield, wo meine Tante wohnte. Jeden Sonntag fuhren wir zum Mittagessen dorthin. Dad fuhr, Mama saß vorn und meine ältere Schwester Lucy und ich saßen hinten. Wir kamen linker Hand an einem riesigen Kohlfeld vorbei und wirklich jedes Mal sah Lucy herüber zum Feld, neigte sich mir zu und flüsterte mir ins Ohr: »Wir haben dich in einer Kiste in diesem Kohlfeld gefunden.« Jahrelang glaubte ich, dass meine Eltern mich tatsächlich zwischen den Kohlköpfen gefunden hätten! Das beunruhigte mich über die Maßen. Kinder können so grausam sein.

SAUERKRAUT UND KRAUTSALAT

Mein Großvater Tom pflanzte in seinem Garten große Kohlköpfe an. Es ist eine typisch englische Tradition, Kohl und anderes Gemüse in Schrebergärten anzubauen – kleine Landparzellen, meist etwa 250 Quadratmeter groß, die die Menschen von der Gemeinde pachten. Schon vor rund tausend Jahren wurden die Schrebergärten eingeführt, ursprünglich, um Bauern zu entschädigen, die durch Invasionen und Besatzungsmächte von ihrem Land vertrieben worden waren. Mit dieser Gartenfläche konnten sie ihr Überleben sichern. Heutzutage sind Schrebergärten vor allem bei Städtern beliebt, die keinen eigenen Garten haben. Und in fast jedem dieser Gärten werden Sie Kohlköpfe finden. Möglicherweise ist das ein Relikt aus der Zeit, als man noch selbst Gemüse anbauen musste, um zu überleben.

Kohl spielt in vielen nationalen Küchen eine wichtige Rolle, insbesondere in Mittel- und Osteuropa. Die Polen beispielsweise haben ihre traditionellen kleinen Piroggen. In Deutschland wird Kohl durch Gärung in das berühmte Sauerkraut verwandelt. Und in Tschechien, Polen, Serbien und der Slowakei werden die Kohlblätter gerne mit Hackfleisch und Reis oder Gerste gefüllt.

Kohl wird überall als Nahrungsmittel geschätzt, das von innen her wärmt. Ich persönlich habe mein Herz an Krautsalat verloren. Ich liebe ihn einfach und kann nicht genug davon kriegen!

Es gibt so viele Kohlsorten und so viele verschiedene Möglichkeiten, sie zu Tisch zu bringen. Dass die älteren Generationen – wie auch beim Rosenkohl – dieses tolle Gemüse so schändlich behandelt haben, sollte Sie auf keinen Fall davon abhalten, es zu genießen.

WEISSKOHL

Weißkohl sollten Sie nicht links liegen lassen, auch den feineren Wirsing nicht. Wenn Sie ihn ganz fein schneiden, reduziert sich die Kochzeit. Und wenn sich die Kochzeit verkürzt, gehen nicht so viele Nährstoffe verloren. Unsere Großmütter haben den Kohleintopf drei Stunden kochen lassen. Abgesehen davon, dass man ihn vier Haustüren weiter noch riechen konnte, hatte der Eintopf dabei sämtliche Nährwerte eingebüßt. All die schönen Vitamine wurden mit dem Kochwasser einfach den Abfluss hinuntergespült. Dabei ist geschmorter Weißkohl so leicht zuzubereiten – und er schmeckt fantastisch. Braten Sie ihn einfach bei hoher Hitze in etwas Öl und Butter an, bis die Säfte austreten, dann geben Sie einen Schuss Wasser oder Weißwein hinzu. Durch das Ablöschen wird der Kohl gedämpft und gleichzeitig in der Pfanne kurz gebraten. In rund 1 Minute haben Sie die perfekte Beilage zu einem Stück Schweinefleisch.

ROTKOHL

Und dann gibt es noch den Rotkohl. Mit seiner Farbe ist er ein echter Hingucker, aber damit nicht genug: Wenn Sie etwas Essig (am besten einen guten Rotwein- oder einen Himbeeressig) und eine Prise Zucker zugeben, zieht der Kohl Saft, er verfeinert und hebt dann mit seiner natürlichen Süße jedes Essen. Rotkohl lässt sich auch hervorragend einlegen und konservieren. Schon aus einem einzigen Kohlkopf können Sie jede Menge herausholen. Ich persönlich finde, dass die Blätter direkt unter den äußeren Blättern, die Sie entfernen müssen, am süßesten schmecken. Je weiter Sie sich zur Mitte des Kohlkopfs vorarbeiten, desto holziger werden die Blätter. Diese inneren Blätter eignen sich besser zum Einmachen.

PALMKOHL

Wenn Sie etwas Außergewöhnliches suchen, das Ihren Garten und Ihren Teller bereichert: Wie wäre es mit Palmkohl? Er hat ganz unterschiedliche Namen, man nennt ihn auch Toskanischen Kohl, Schwarzkohl oder, wie in seiner Heimat Italien, Cavolo nero. Es ist aber immer ein und dasselbe und schmeckt vorzüglich. Behandeln Sie das Gemüse wie Mangold. Zerkleinern Sie es und essen Sie es wie die Italiener roh (eine Offenbarung!) oder braten Sie den Kohl kurz an oder geben Sie ihn in eine Suppe. Oder Sie schmoren ihn in den letzten Minuten mit, bis die Blätter zusammenfallen. Die gekräuselten dunklen Blätter sind für das Gartenbeet eine schöne Zierde und lassen sich dabei problemlos anpflanzen und verwenden.

ANBAU

Im Allgemeinen lässt sich Kohl relativ leicht anbauen. Er gedeiht in den meisten Böden, benötigt nicht allzu viel Wasser und kann Kälte und leichten Frost vertragen. Der einzige Nachteil bei Weißkohl: Er braucht sehr viel Platz, weil seine Köpfe sehr ausufernd wachsen. Und er benötigt von der Aussaat bis zur Erntereife sechs Monate. Wenn das für Sie ein Problem ist, sollten Sie nach Palmkohl Ausschau halten, der wesentlich kompakter ist und schneller wächst.

GETRÜFFELTER KRAUTSALAT MIT KNUSPRIGEN KIEW-WACHTELN

→ FÜR 4 PERSONEN

»Chicken Kiev«, eine Art Hähnchen-Cordon-bleu, das mit Kräuter- oder Knoblauchbutter statt mit Schinken und Käse gefüllt wird, ist in Großbritannien ein Pub-Klassiker. Für dieses Rezept verwende ich Wachteln – kleine Hähnchen, wenn man so will –, aber Sie können genauso gut Hähnchen nehmen. Mein Tipp: Lassen Sie die Wachteln, wenn sie fertig sind, etwas abkühlen, bevor Sie hineinbeißen. Die flüssige Butterfüllung neigt dazu, auf einmal herauszuspritzen.

Dieses Essen, das Kinder und Erwachsene gleichermaßen begeistert, ist einfacher zuzubereiten, als es den Anschein hat, das verspreche ich Ihnen. Alles hängt an der Vorbereitung, deshalb sollten Sie sich Rezept und Zutatenliste vorher genau durchlesen, um sicherzugehen, wirklich alles parat zu haben.

Knoblauchbutter

250 g weiche Butter

100 g Knoblauch, fein geschnitten

6 Basilikumblätter, gehackt

3 Stängel glatte Petersilie, Blätter abgezupft und gehackt

Meersalz und frisch gemahlener schwarzer Pfeffer

Wachteln

4 große Wachteln

2 EL Koriandersamen

1½ EL Kreuzkümmelsamen

1½ EL weiße Pfefferkörner

2 TL Senfsamen

2 TL gemahlene Kurkuma

2 EL gemahlener Ingwer

1 EL grobes Meersalz oder Fleur de Sel

150 g Mehl

400 ml Buttermilch

Krautsalat

¼ Rotkohl, fein geschnitten

¼ Wirsing, fein geschnitten

Meersalz und frisch gemahlener schwarzer Pfeffer

1 kleine Möhre, erst in feine Scheiben, dann in Streifen geschnitten

½ große rote Zwiebel, in feine Scheiben geschnitten

250 g Mayonnaise

100 ml Trüffelöl (nach Belieben)

Pflanzenöl zum Frittieren

Für die Knoblauchbutter alle Zutaten in eine Rührschüssel geben und mit dem elektrischen Handrührgerät verrühren, bis eine homogene Masse entstanden ist. Die Knoblauchbutter in einen Spritzbeutel mit Lochtülle (erbsengroß) füllen oder ersatzweise in einen Gefrierbeutel, bei dem Sie eine Spitze abschneiden, und bis zur Verwendung bei Zimmertemperatur zur Seite stellen.

Jede der Wachteln in Brust und Schenkel zerlegen (oder Sie bitten Ihren Fleischer darum). Bei den Bruststücken die letzten beiden Flügelgelenke entfernen und den restlichen Flügelknochen intakt lassen. Das Fleisch entfernen. Mit einem kleinen scharfen Messer einen kleinen Einschnitt in das Brustfleisch unweit des Flügels machen, dabei so tief wie möglich gehen, um möglichst viel Platz für die Knoblauchbutter zu haben. In die Einschnitte die Knoblauchbutter spritzen.

Bei den Schenkeln den Oberschenkelknochen auslösen, den Unterschenkelknochen intakt lassen. Die Butter in das Schenkelknochenloch spritzen und das Fleisch über die Butter klappen. Die Wachtelteile auf ein Backblech legen und in den Kühlschrank stellen.

Die Gewürze bei schwacher Hitze in einer Pfanne ohne Fett etwa 4 Minuten rösten, um die natürlichen Öle freizusetzen. Dann in einen Mörser geben und so lange zerkleinern, bis sie die Konsistenz von gemahlenem schwarzem Pfeffer haben. Die Gewürzmischung in einen tiefen Teller schütten, Salz und Mehl untermischen. Die Buttermilch in einen anderen tiefen Teller gießen. Die Wachtelstücke erst in die Buttermilch tauchen, dann in der Mehl-Gewürz-Mischung wälzen. Bis zum Frittieren kalt stellen.

Für den Krautsalat beide Kohlsorten in eine Schüssel geben, mit etwas Salz bestreuen und 5 Minuten ziehen lassen. Dann den Kohl unter klarem Wasser spülen und mit einem Küchenhandtuch trocken tupfen. In eine große Schüssel geben, restliche Zutaten zugeben und gut mischen. Beiseitestellen.

Den Backofen auf 185 °C vorheizen. Wer eine Fritteuse besitzt, erhitzt 1,5 l Pflanzenöl auf 170 °C und frittiert Brüstchen und Schenkel 2 Minuten bzw. so lange, bis die Panade goldgelb ist. Dann die Teile auf ein Backblech legen und im Ofen in 5 Minuten fertig garen. Wer keine Fritteuse hat, kein Problem. 500 ml Pflanzenöl in einen tiefen Topf gießen (aber höchstens ein Drittel voll) und bei mittlerer Hitze auf 170 °C erhitzen. Wenn Sie kein Bratenthermometer besitzen, geben Sie ein wenig von der Panade in den Topf. Beginnt es sofort zu brutzeln, hat das Öl die richtige Temperatur. Wachtelteile hineinlegen und 2 Minuten frittieren bzw. so lange, bis die Panade goldgelb ist. Dann die Teile auf ein Backblech legen und im Ofen in 8 Minuten fertig garen. Sofort mit dem Krautsalat servieren.

1 Bereiten Sie die Knoblauchbutter zu und zerlegen Sie die Wachteln in Brust und Schenkel.

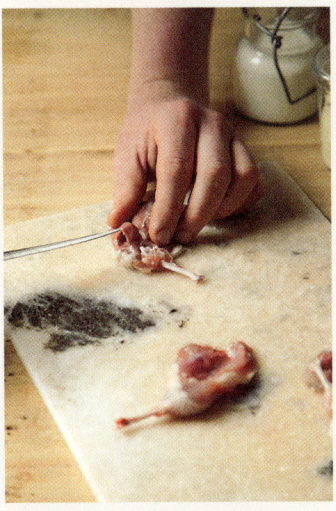

2 Mit einem scharfen Messer machen Sie einen Einschnitt ins Brustfleisch unweit des Flügels. Bei den Schenkeln entfernen Sie den Oberschenkelknochen, der Unterschenkelknochen bleibt intakt.

3 Spritzen Sie die Knoblauchbutter in die Brusthöhle.

4 Spritzen Sie die Knoblauchbutter in jedes einzelne Wachtelteil.

5 Tauchen Sie die Stücke in Buttermilch.

6 Wälzen Sie jedes Wachtelteil in der Mehl-Gewürz-Mischung.

SAUTIERTER PALMKOHL MIT PASTA UND WALDPILZEN

→ FÜR 4 PERSONEN

Palmkohl, der in Geschmack wie Konsistenz begeistert, harmoniert vorzüglich mit dem Edelreizker.
Sie können natürlich auch andere Pilze verwenden – am besten frische, selbst gesammelte aus dem
Wald. Dieses Gericht gehört zu meinen Lieblingen im Herbst. Dazu schmeckt ein Glas Rotwein.

400 g Creste di gallo (siehe Hinweis) oder eine andere dicke Pastasorte

100 ml Olivenöl

1 Bund Palmkohl (*Cavolo nero*), Strunk entfernt, in Streifen geschnitten

300 g Edelreizker oder andere Pilze, abgebürstet, in dicke Scheiben geschnitten

2 Schalotten, fein gehackt

2 Knoblauchzehen, fein gehackt

50 g Butter, in Würfeln

3 EL gehackte glatte Petersilie

Saft von 1 Zitrone

Meersalz und frisch gemahlener schwarzer Pfeffer

fein geriebener Parmesan zum Servieren

1,5 l Salzwasser aufkochen. Pasta hinzufügen und 7–9 Minuten garen oder so lange, bis sie al dente ist. Den Topf vom Herd ziehen und die Pasta im Wasser lassen.

In der Zwischenzeit das Olivenöl bei mittlerer Hitze in einer großen Pfanne erhitzen. Den Kohl hineingeben und darin braten, bis er zart ist. Pilze, Schalotten, Knoblauch und Butter hinzufügen, die Temperatur reduzieren und das Ganze 4–5 Minuten dünsten. Dann die Temperatur erhöhen, 200 ml vom Nudelwasser abmessen und hinzugeben und so lange rühren, bis eine Emulsion entsteht. Pasta abgießen und in die Pfanne geben. Petersilie und Zitronensaft unterrühren und mit Salz und Pfeffer würzen. Die Pasta auf die Teller verteilen. Mit geriebenem Parmesan bestreuen.

Hinweis: *Creste di gallo* haben Ähnlichkeit mit Hahnenkämmen, und genau das bedeutet auch der italienische Name. Diese Nudelsorte eignet sich hervorragend für Pastagerichte mit ragoutartigen Saucen, weil sie die Flüssigkeit der Sauce gut aufnimmt und gleichzeitig ihre feste Konsistenz behält.

GESCHMORTER ROTKOHL MIT BRATWURST

FÜR·4 PERSONEN

Dies war wahrscheinlich eines meiner ersten Rezepte, als ich für Mike Taylor im Warren House unweit von London gearbeitet habe. Meine Version ist etwas anders als das Grundrezept, das von der englischen Küchenkönigin Delia Smith stammt. Es ist einfach zuzubereiten und schmeckt zu allen Arten von Fleisch und Wurst.

1 Sternanis	100 ml Rotweinessig
1 Wacholderbeere	50 g Butter, in Würfeln
1 Nelke	Meersalz und frisch gemahlener schwarzer Pfeffer
1 Kardamomkapsel	
100 g Demerarazucker	4–8 (je nach Größe) gute Schweinsbratwürste oder Cumberland-Würste
700 g Rotkohl, fein geschnitten	Pflanzenöl zum Braten
2 große Zwiebeln, klein geschnitten	Weißbrot zum Servieren
4 Äpfel (siehe Hinweis), geschält und in Würfel geschnitten	

Die Gewürze und den Zucker in einen Mörser geben und mit dem Stößel zerkleinern und vermengen. Gewürzzucker, Kohl, Zwiebeln, Äpfel, Essig und Butter bei mittlerer Hitze in einen großen Topf geben, mit Salz und Pfeffer würzen und unter gelegentlichem Rühren 45-60 Minuten schmoren. Der Rotkohl sollte weich sein und noch etwas Flüssigkeit haben.

Das Öl in einer Pfanne erhitzen und die Bratwürste in die Pfanne legen und etwa 5 Minuten von jeder Seite braten. (Für Cumberland-Würste den Backofen auf 200 °C vorheizen. Die Würste auf ein Backblech legen, mit etwas Pflanzenöl beträufeln und 12 Minuten im Ofen garen.)

Den Rotkohl auf Tellern anrichten und die Würste darauflegen. Dazu passen einige Scheiben Weißbrot.

Hinweis: Zum Kochen können Sie Elstar, Boskop oder Äpfel einer anderen säuerlichen Sorte verwenden.

PAPRIKA GEHÖRT ZU DEN BLÜHENDEN
PFLANZEN UND ZUR FAMILIE DER
NACHTSCHATTENGEWÄCHSE.

Paprika lässt sich gut anbauen.
Als ich nach London zog, ließ ich sie
auf der Fensterbank wachsen, um mehr
Farbe im Zimmer zu haben. Wichtig
ist, dass sie viel Sonne abbekommen.

Beheimatet in Nord- und Südamerika, wo sie seit Tausenden von Jahren kultiviert werden.

VITAMIN C

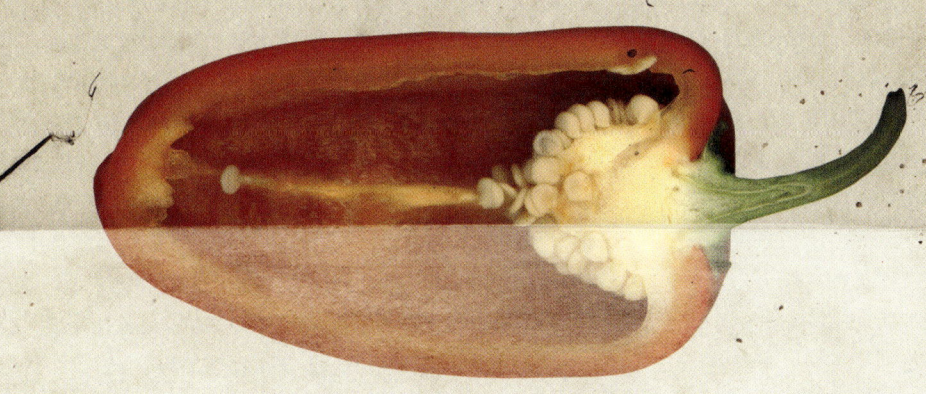

PAPRIKA

SIND MEIST MEHRJÄHRIG, WERDEN ABER ALLGEMEIN WIE EINJÄHRIGE PFLANZEN BEHANDELT.

PAPRIKA

Die Paprika ist mit ihrer leuchtenden Farbe eine sehr dekorative Pflanze. Sie ist eng verwandt mit der Chilischote und kommt in mehreren Farbvarianten daher: Rot, Grün, Orange, Gelb und sogar Violett. Ihre ursprüngliche Heimat ist Amerika, wo Christoph Kolumbus sie pflückte, um sie nach Spanien zu bringen. Dort wurden sie begeistert aufgenommen.

BIS ZUM ÜBERDRUSS

Ich will nicht lange drum herumreden: Ich hasse Paprika, ob roh oder gegart. Die Hölle, das wäre für mich eine Henkersmahlzeit aus gebratener Paprika. Fragt man mich nach meiner Meinung zu Paprika, muss ich spontan sagen: das schlechteste Nahrungsmittel der Welt. Aber obwohl man mir ganz gewiss keine heimliche Vorliebe unterstellen kann, hat die Paprika in mein Buch Eingang gefunden. Der Herausgeber dieses Buches hat mich dazu gebracht, in erster Linie, weil so viele Menschen dieses Gemüse mögen. Beim Nachdenken über die Schote habe ich dann erst festgestellt, wie viele Rezepte mit Paprika – ob als Sauce oder als Beilage – ich tatsächlich kannte. Nämlich mindestens 20, von denen Sie nun drei in diesem Kapitel finden.

Ich glaube, mein Widerwille kommt daher, dass Paprika in meinem kulturellen Umfeld nicht vorkam. Bei meiner Familie stand sie nicht auf dem Speiseplan. Mitte der 1990er-Jahre erlebte sie dann dank dem *River Café* und Antonio Carluccio in England eine Art Renaissance. Italienisches Essen stand plötzlich hoch im Kurs, und nicht nur die Paprika, sondern auch Auberginen und Fenchel hielten Einzug auf jeder Speisekarte. Es wurde einfach zu viel, und das ist wahrscheinlich auch der Grund, warum ich der Paprika aus dem Weg ging. In einem traditionellen Gericht wie Ratatouille ist sie großartig, aber leider habe ich auch schon einige wirklich miserable Ratatouilles gegessen. Außerdem besteht der typische Beilagensalat in einem britischen Pub – und anderswo auch – aus geraspelter Möhre, Eisbergsalat, Gurkenscheiben und grünen Paprikawürfeln. Ich sage es nicht gerne, aber diese Salate sind scheußlich. Wenn sie schlecht und lieblos zubereitet werden – bittere Samen, unverdauliche Haut –, können Paprika sich selbst zum Feind werden.

VORBEREITEN UND KOCHEN

Glücklicherweise können Sie etwas tun, um die Paprika verlockender und schmackhafter zu machen, und das ist gar nicht schwer. Wenn man sie röstet und die Haut abzieht, wird ein Großteil der Bitterstoffe entfernt. Auch die Kerne sollten Sie entfernen und nur das Fruchtfleisch verwenden. Wenn Sie dieses erhitzen, wird es weicher und setzt seine natürlichen ätherischen Öle frei, die das meiste Aroma enthalten. Es gibt auch sehr gute eingelegte Paprikavarianten. Ich mag am liebsten die kleinen süßen und leicht scharfen Piquillo-Paprika aus Spanien, die bereits vorgeröstet und geschält sind. Sie finden diese eingelegten Paprikaschoten in jedem guten Feinkostgeschäft.

ANBAU

Trotz meiner Abneigung gegen Paprika finde ich, dass sich dieses Gemüse sehr gut zum Selberziehen eignet. Allerdings habe ich keine Leidenschaft dafür von meinem Vater oder Großvater geerbt, wie das bei anderen Gemüsepflanzen der Fall ist. Als ich der Arbeit wegen 1996 nach London zog, habe ich erstmals damit begonnen, Paprikapflanzen auf die Fensterbank zu stellen, um einen Farbtupfer in der Wohnung zu haben. Ich habe die Schoten zwar nie verwendet, sondern an Freunde verschenkt, aber ich fand es schön, sie wachsen zu sehen. Sie gedeihen auf kleinstem Raum, sofern sie genügend Sonnenlicht bekommen, und passen deshalb ideal in einen Topf oder Kasten auf der Fensterbank. In letzter Zeit habe ich Paprika recht erfolgreich angebaut – es gibt nicht allzu viel Ungeziefer, das sich daran labt, abgesehen von der Spinnmilbe. Wenn Sie rechtzeitig im Frühjahr pflanzen, geben Sie Ihren Paprikapflänzchen einen kleinen Vorsprung und können im Sommer mit vollreifen Schoten rechnen.

Bei der Ernte schneiden Sie die Frucht am besten mit einer Schere ab. Wenn Sie versuchen, die Schote abzupflücken, kann es passieren, dass Sie gleich die ganze Pflanze mit herausziehen (das ist mir mit einer Salatgurke passiert).

PAPRIKA-MANGO-CHORIZO-SALAT MIT SCHARF ANGEBRATENEM THUNFISCH

FÜR 4 PERSONEN ALS VORSPEISE

Dieser Salat gehörte zu den Highlights, als ich Chef des Circa wurde. Es ist schon erstaunlich, wie gut Obst zu herzhaften Gerichten passt. Die Mango verleiht hier den mediterranen Aromen einen frischen Touch. Und die Piquillo-Paprika bekommen Sie in jedem guten Feinkostladen.

1 frische Chorizo, enthäutet, in 2 cm große Würfel geschnitten	2 EL fein gehackte glatte Petersilie
100 ml Traubenkern- oder Rapsöl	50 ml Olivenöl
½ Mango, fein gewürfelt	4 Thunfischfilets (je 100 g, vom Fischhändler zuschneiden lassen)
½ kleine rote Zwiebel, fein gewürfelt	Fleur de Sel oder grobes Meersalz und frisch gemahlener schwarzer Pfeffer
400 g Piquillo-Paprikaschoten (aus dem Glas), abgegossen, fein gewürfelt	50 g Rucola
Saft von 1 Zitrone	

Eine große Pfanne bei mittlerer Temperatur erhitzen. Ist sie heiß genug, Chorizo und Öl hineingeben und die Chorizo von allen Seiten anbraten. Dann die Pfanne vom Herd nehmen, die Chorizo herausnehmen und beiseitestellen, das Öl auffangen. Es wird das Dressing für den Salat bereichern und dient zudem als Tellergarnitur.

Mango, Zwiebel, Paprika, die Hälfte des Zitronensafts und die Petersilie in eine große Schüssel geben und so viel vom Chorizo-Öl zugeben, bis alle Zutaten gut verbunden sind. Den Salat in mehreren kleinen Häufchen auf den Tellern anrichten. Dazwischen die Chorizowürfel verteilen.

Eine große Pfanne bei hoher Temperatur erhitzen. Das Olivenöl hineingeben und die Thunfischfilets auf einer Seite scharf anbraten, bis sie zur Hälfte durchgebraten sind. Die Pfanne vom Herd nehmen, den Thunfisch mit etwas vom Chorizo-Öl und mit dem restlichen Zitronensaft glasieren und mit Salz und Pfeffer würzen. Ein Stück Thunfischfilet auf jeden Teller geben (oder die Filets jeweils dritteln) und mit Rucola belegen. Die Teller kurz vor dem Servieren noch mit etwas Chorizo-Öl beträufeln.

ROMESCOSAUCE AUS GERÖSTETEN PAPRIKASCHOTEN

ERGIBT ETWA 3 TASSEN SAUCE

Ein gleichermaßen einfaches und feines Rezept, um Paprika zu rösten. Zur Romescosauce gebe ich noch ein wenig Quittenpaste, damit sie eine süße und leicht erdige Note erhält. Die Sauce passt hervorragend zu allen Schweinefleischgerichten und zu Gemüse, schmeckt aber auch einfach als Dip.

Geröstete Paprika

5 rote Paprikaschoten (etwa 850 g)

75 ml Olivenöl

2 Zweige Oregano

2 Zweige Thymian

Meersalz und frisch gemahlener schwarzer Pfeffer

Den Backofen auf 220 °C vorheizen. Die Paprikaschoten auf ein Backblech legen, Olivenöl und Kräuter darauf verteilen, salzen und pfeffern. Das Blech 40–50 Minuten in den Backofen schieben. Alle 10 Minuten ein wenig rütteln. Wenn die Schoten weich sind und ihre Haut schön gebräunt ist, das Blech aus dem Ofen nehmen, mit Alufolie abdecken und 10 Minuten abkühlen lassen. So bleiben die Schoten saftig und lassen sich leichter pellen. Nach 10 Minuten vorsichtig die Haut abziehen und die Samen entfernen.

Romesco

600 g geröstete, enthäutete Paprika (siehe oben)

80 g Quittenpaste

50 g Bio-Mandelkerne, in kochendem Wasser blanchiert, geschält und gehackt

1 Knoblauchzehe

1 Prise Fenchelsamen

1 Prise Koriandersamen

1 Prise Schwarzkümmelsamen

1 Prise Kreuzkümmelsamen

1 Prise Sumach (Essigbaumgewürz, in türkischen Lebensmittelgeschäften erhältlich)

1 Msp. feines Meersalz

200 ml bestes Olivenöl

30 ml guter Rotweinessig

Paprika, Quittenpaste, Mandeln und Knoblauch in einen Mixer geben und pürieren. Gewürze und Salz zugeben und noch einmal durchmixen. Die Sauce in eine Schüssel gießen, Öl und Essig unterrühren. Probieren und ggf. mit Essig und den Gewürzen abschmecken. In einem luftdichten Gefäß hält sich die Sauce eine Woche im Kühlschrank.

GEFÜLLTE SPITZPAPRIKA MIT COUSCOUS

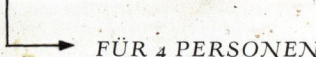

FÜR 4 PERSONEN

Einer meiner engsten Freunde, Nicolas Poelaert, hatte eine Version dieses Gerichts auf der Speisekarte seines Restaurants Embrasse, und mir hat es so gut geschmeckt, dass ich ein eigenes Rezept daraus entwickelte.

110 g Couscous

6 grüne Spitzpaprikaschoten (je etwa 250 g)

1 EL Kürbiskerne

1½ EL Pinienkerne

1½ EL gehackte Mandeln

2 EL Korinthen

1 EL gehackte Minze

1 EL gehackte glatte Petersilie

2 EL bestes Olivenöl + etwas mehr zum Beträufeln

Meersalz und frisch gemahlener schwarzer Pfeffer

60 g Halloumi (zyprischer Grillkäse aus Schafsmilch), fein gewürfelt

Den Backofen auf 190 °C vorheizen.

Den Couscous in eine hitzebeständige Schüssel geben und 115 ml kochendes Wasser zugeben. Mit einer Gabel 20 Sekunden durchrühren, mit Frischhaltefolie verschließen und 2–3 Minuten ruhen lassen, dann noch einmal durchrühren und beiseitestellen.

Von den Paprikaschoten einen 1–2 cm dicken Deckel (Stängelansatz) abschneiden, die Deckel beiseitelegen. Mit einem kleinen, scharfen Messer die weißen Trennhäute und die Samen entfernen. Die Paprika mit der Öffnung nach unten mehrmals auf die Arbeitsfläche klopfen, damit die letzten Samen herausfallen.

Die restlichen Zutaten unter den Couscous rühren und gut mischen. Vorsichtig die Füllung löffelweise in die Paprika geben und mit den Fingern etwas nachdrücken. Dann die Deckel wieder aufsetzen. Die Paprika in eine ofenfeste Form legen und 30–35 Minuten im Backofen garen. Die Schoten sollten dann weich und gebräunt sein. Aus dem Ofen nehmen und auf einem Servierteller anrichten. Dazu schmeckt ein schlichter Blattsalat – und wem der Sinn nach einem Abenteuer steht, versucht dazu ein Tomatenrelish (siehe Seite 277).

CAROTIN

ERNTEREIF
IN 12–18 WOCHEN

Wilde Vorfahren
aus Afghanistan ...

Die ersten Möhren waren lila.

Wachsen sehr gut in tiefen, kalten Böden.

VITAMIN Ⓐ

MÖHREN

Die Gartenmöhre ist eine zweijährige Pflanze und gehört zur Familie der Doldenblütler.

(DAUCUS CAUROTA SATIVUS)

MÖHREN

Lassen Sie es mich geradeheraus sagen: Ich liebe Möhren. Sie sind zu jeder Zeit des Jahres mein absolutes Lieblingsgemüse. Stellen Sie sich die schlimmsten Möhren vor, die Sie kennen – wässerig, weich, zu Brei gekocht, wie man sie Ihnen im Krankenhaus serviert –, und ich liebe sie immer noch. Ich mag sie wirklich so sehr, dass ich mir überlege, mir ein Möhren-Tattoo auf den Arm machen zu lassen. Ehrlich.

HEIMLICHE KÜCHENHELDEN

In der bescheidenen Wurzel steckt so viel mehr, als Sie glauben. Sie sind die heimlichen Helden der Küche. Aufgrund ihres natürlichen Zuckergehalts sind sie überaus vielfältig. Sie balancieren geschmacklich zwischen süß und pikant. Möhren geben Brühen und Saucen einen entscheidenden Grundgeschmack und können für nahezu alles genutzt werden – von Eintöpfen über Suppen bis hin zu Kuchen und Konfitüren. Man kann sie roh essen, eingelegt, gedämpft, gekocht, gebraten, gegrillt, püriert oder sogar in Salz gebacken. Kein Wunder, dass Menschen seit Tausenden von Jahren Möhren essen.

Bevor die Gartenmöhre kultiviert wurde, war die Wilde Möhre eine zähe, bittere Wurzel, die nur zu medizinischen Zwecken verwendet wurde. Alte Kochbücher liefern Belege, dass Möhren in die Küche der alten Römer Eingang gefunden hatten. Durch die Expansion des Römischen Reiches fanden Möhren schließlich ihren Weg auf die Teller Europas und Großbritanniens.

Wenn Sie an Möhren denken, haben Sie sofort ihr leuchtendes Orange vor Augen. Doch ursprünglich war das nicht die dominante Farbe, sondern eher eine Seltenheit. Dort, wo Möhren um 900 v. Chr. erstmals kultiviert wurden, in Afghanistan, waren sie manchmal weiß oder gelb, am häufigsten aber violett. Die orangefarbene Sorte, die wir heute im Supermarkt sehen, wurde erst ab 1500 in Mittel- und Nordeuropa angebaut. Der Legende nach sollen es niederländische Gärtner gewesen sein, die eine orangefarbene Möhre zu Ehren Wilhelms von Oranien züchteten. Eine nette Geschichte, aber wahrscheinlich stimmt sie nicht. Die Farbe entspringt stattdessen einer natürlichen Mutation.

Kontinuierlich wurde diese Sorte immer mehr angebaut und drängte nach und nach die anderen Möhrensorten an den Rand. Diese wurden schließlich das, was wir heute als »alte Sorten« bezeichnen.

Es wurde bereits viel gesagt und geschrieben, was Gemüse aus Massenproduktion im Vergleich zu dem kleineren Produzenten und was konventionellen versus Bio-Anbau angeht. Doch ich bin fest davon überzeugt, dass Sie gerade bei der Möhre einen wirklichen Geschmacksunterschied feststellen können. Es lohnt sich auf jeden Fall, einige Cent mehr pro Kilo auszugeben und Bio-Möhren zu kaufen. Probieren Sie es selbst aus: Kaufen Sie eine Möhre im Supermarkt und eine auf dem Wochenmarkt. Schneiden Sie beide Möhren durch. Die eine Hälfte bleibt roh, die andere Hälfte garen Sie in Salzwasser. Nun schließen Sie die Augen und vergleichen Sie blind im Geschmackstest sowohl die rohe als auch die gekochte Möhre. Der Unterschied ist erstaunlich. Das Aroma der Bio-Möhre ist zart und dennoch kräftig, komplex und süß. Gegenüber den faden, massenproduzierten Sorten schmecken Sie das leicht heraus.

Und genau das hat mich zu meinem Bunten Möhrensalat mit Joghurt und Mandel-Honig-Dressing (siehe Seite 98) inspiriert. Es war das erste Gericht, das meine Handschrift trägt. Es steht für meine persönliche Food-Philosophie.

ANPFLANZUNG

Hier einige Tipps, wenn Sie probieren wollen, Möhren selbst zu ziehen. Es ist das ideale Gemüse, wenn Sie keinen großen Garten haben, denn es beansprucht wenig Platz, um eine gute Ernte zu liefern. Möhren mögen sandigen Boden, der jedoch sauber sein muss. Befinden sich im Boden kleine Steine oder Zweige, können sie die Möhren spalten. Diese würde einfach immer weiter nach unten wachsen und alles umschlingen, was sich ihnen in den Weg stellt.

Radieschen sind die idealen Pflanzbegleiter für Möhren, weil sie sich sehr schnell ihren Weg durch den Boden bahnen und die Oberfläche durchbrechen. So haben die zarten Möhrensprossen die Möglichkeit, sich gut zu entwickeln.

Wenn Sie aus Versehen eine Möhre aus dem Boden gezogen haben, die Ihnen noch etwas unreif vorkommt, können Sie den Stängel verwenden: Waschen Sie das Grün gründlich und nutzen Sie es wie Petersilie. Das Möhrengrün hat einen interessanten Geschmack und hübsche Blätter. Experimentieren Sie mit

unterschiedlichen Formen, Größen und Farben – die Möhre bietet eine große Vielfalt.

Und hier noch ein letzter Tipp. Sie müssen Möhren nicht immer schälen. Wenn sie jung und zart sind, kann man darauf verzichten. Denn direkt unter der Schale sitzen die meisten Geschmacksstoffe. Einfach gründlich schrubben.

MÖHRENKUCHEN

ERGIBT 2 KLEINE KASTENKUCHEN

Ich muss mich bei Brydie (sie ist für mich wie eine kleine Schwester und hat fünf Jahre bei mir gearbeitet) für dieses Rezept bedanken. Das bin ich ihr schuldig, denn der Kuchen ist wirklich großartig und steht jeden Tag in der Kuchentheke meines Restaurants Pope Joan. Ich serviere ihn mit süßem Frischkäse mit einem Schuss Zitronensaft und gehackten Walnuss- und Kürbiskernen. Bevor ich Brydies Rezept ausprobiert habe, konnte man mich mit Möhrenkuchen jagen, aber nun bin ich bekehrt, vor allem, wenn es ein Stück Brie dazu gibt und einige frisch eingelegte Möhren.

4 Eier	1 Prise Zimt
375 g Zucker	350 g Möhren, geschält und gerieben
300 ml Sonnenblumenöl	250 g Walnusskerne, grob gehackt
340 g Mehl	1 Stück Brie zum Servieren (Zimmertemperatur)
½ TL Backnatron	Eingelegte Möhren (siehe Seite 97) zum Servieren
½ TL Backpulver	

Den Backofen auf 180 °C vorheizen. Zwei kleine Kastenformen (10 × 20 cm) oder eine große einfetten und mit Backpapier auslegen.

Die Eier mit dem Zucker schaumig schlagen. Das Öl unterrühren.

Das Mehl mit Backnatron, Backpulver und Zimt in eine Schüssel sieben. Nach und nach unter die Eiermasse rühren. Dann Möhren und Walnüsse unterheben.

Den Teig in die vorbereiteten Formen geben und 30–45 Minuten im Backofen backen. Für die Garprobe einen Metallspieß in den Kuchen stechen. Kommt sie sauber wieder heraus, ist der Kuchen fertig. Die Formen aus dem Ofen nehmen und auf einen Rost stellen.

Auf Zimmertemperatur abkühlen lassen, dann mit Brie und eingelegten Möhren servieren. Der Kuchen sollte am besten sofort gegessen werden. Ist etwas übrig, kann es in Frischhaltefolie gewickelt in einem gut schließenden Gefäß aufbewahrt werden. Der Kuchen hält sich so 4 Tage, ich empfehle jedoch, ihn einzufrieren und vor dem Essen im Ofen noch einmal warm zu machen.

EINGELEGTE MÖHREN

ERGIBT 1 GLAS (2 LITER)

Diese Pickles schmecken super zu kaltem oder warmem Fleisch, passen aber auch sehr schön zu Möhrenkuchen und einem Stück Brie (siehe Seite 94). Überhaupt harmonieren sie hervorragend mit Käse aller Art. Wenn Sie zu den eingelegten Möhren nur Brie essen, reicht die halbe Menge.

250 ml Apfelessig

400 ml Reisweinessig

175 ml Weißwein

500 g Möhren, geschält und in Juliennestreifen gehobelt

75 g Ingwer, geschält und gerieben

150 g Rosinen

30 g Schale von eingelegten Zitronen (ersatzweise von frischen Bio-Zitronen), in feine Streifen geschnitten

4 Schalotten, gehackt

2 Msp. gemahlener Koriander

1 EL Meersalz

Alle flüssigen Zutaten in einen Topf geben und aufkochen lassen. Dann die restlichen Zutaten hineingeben. Den Topf vom Herd ziehen, mit Backpapier abdecken und abkühlen lassen. Anschließend in ein sterilisiertes Glas mit Schraubverschluss füllen.

Die eingelegten Möhren sollten am besten am selben oder am nächsten Tag gegessen werden, aber im Kühlschrank halten sie sich 3 Monate. Je älter, desto milder ist der Geschmack.

BUNTER MÖHRENSALAT MIT JOGHURT UND MANDEL-HONIG-DRESSING

FÜR 4 PERSONEN ALS VORSPEISE ODER ALS SALATBEILAGE

So einfach und doch so verführerisch: Das Mandel-Honig-Dressing macht aus Möhren ganz große Stars. Probieren Sie es. Auf Teller verteilt, sieht der Salat spektakulär aus.

20 kleine Möhren (z. B. violette, gelbe und orangefarbene Sorten gemischt oder Fingermöhren), gewaschen und geputzt (nicht geschält)

Salz

200 g Bio-Naturjoghurt

½ Bund Bockshornklee oder Portulak, Blätter abgezupft, gewaschen

8 kleine Kapuzinerkresseblätter

8 Kapuzinerkresseblüten

Mandel-Honig-Dressing

125 g Bio-Mandelkerne, grob gehackt

40 g Butter

3 EL Orangenblüten- oder Akazienhonig

1 EL guter Weißweinessig

1 EL Orangenblütenwasser

Saft von 1 Zitrone

1 rote Chilischote, Samen entfernt, in feine Streifen geschnitten

100 ml bestes Olivenöl

1 Prise Meersalz

Für das Dressing Mandeln und Butter in einen Topf (1 l Fassungsvermögen) geben und bei mittlerer Temperatur sanft erhitzen, bis die Butter aufschäumt. Hat die Butter eine hellbraune Farbe angenommen, den Honig hinzufügen. Aufkochen, dann etwas reduzieren. Essig, Orangenblütenwasser und Zitronensaft einrühren, erneut zum Kochen bringen, dann bei milder Hitze das Dressing 3 Minuten sanft köcheln lassen. Den Topf vom Herd nehmen, Chilischote, Olivenöl und Salz zugeben und gut mischen. Abkühlen lassen. Das Dressing hält sich im Kühlschrank bis zu 2 Monate – vor der Verwendung kurz erwärmen.

Möhren in einen Topf mit kaltem Salzwasser geben und aufkochen. Die Möhren in 8 Minuten sanft gar köcheln. Mit einem Messer in eine Möhre schneiden, um die Garprobe zu machen. Möhren abgießen und, solange sie noch heiß sind, die größeren halbieren. In eine Schüssel geben und in 3 EL des Dressings schwenken.

Zum Servieren jeweils ein Viertel des Joghurts auf einen Teller geben und jeweils ein Viertel der Möhren darauf verteilen. Mit weiterem Dressing beträufeln (dabei ein paar Mandeln oben drapieren) und mit Kräutern und Blüten bestreuen.

Vor allem in Frankreich und Italien gibt es ihn auch in violetten und grünen Sorten.

Zwischen den
Setzlingen sollten
40 cm Abstand bleiben.

DER BODEN-PH-WERT
IST IDEALERWEISE BASISCH,
NICHT SAUER.

BLUMENKOHL

Blumenkohl im Garten beansprucht sehr

viel Platz für sich, denn seine

Blätter sind sehr ausladend.

BLUMENKOHL

Über die unterschiedlichen Blumenkohlsorten weiß ich nicht viel, doch was ich weiß, ist, dass ich sie allesamt sehr gern mag. Und ich weiß, dass wie für Brokkoli und Artischocke gilt: Je fester der Kopf, desto besser.

BRITISCHES NATIONALGEMÜSE

Auch wenn der Blumenkohl im Garten ein bisschen stört, weil er wie sein Vorfahr, der Kohl, sehr viel Platz für sich beansprucht, ist er in England das beliebteste Gemüse. Wir Briten sind förmlich süchtig danach und machen jede Menge Dinge daraus – unter anderem Piccalilli, eingelegtes Gemüse nach indischer Art (siehe auch Seite 109). Ich kenne keinen Haushalt im gesamten Königreich, der nicht ein Glas Piccalilli im Kühlschrank hätte, und genauso ist es in Australien, wo es allerdings unter dem Namen Senf-Pickles bekannt ist.

Blumenkohl ist ursprünglich ein Verwandter des Wildkohls, der in Kleinasien beheimatet war und über den Handel nach Italien kam. Im 16. Jahrhundert fand der Blumenkohl seinen Weg nach Frankreich und wurde am Hofe Ludwigs XIV. ein richtiges Modegemüse. Von dort gelangte er schließlich nach England.

SORTEN

Es gibt rund um die Welt ungefähr 100 verschiedene Sorten Blumenkohl, auch wenn natürlich nicht alle überall verfügbar sind. Dann gibt es noch den niedlichen Baby-Blumenkohl, er ist einfach eine klein gezüchtete, tennisballgroße Version des normalen Blumenkohls. Er macht sich gut als Beilage zu Gebratenem oder mit Käse überbacken. Weltweit gibt es Blumenkohl in unterschiedlichen Farben, in Italien und Frankreich gibt es beispielsweise auch grüne und violette Sorten. Achtung beim violetten Blumenkohl: Wenn man ihn zu lange kocht, wird er grün.

ANBAU

Mein Großvater Tom hatte zwei Blumenkohlernten pro Jahr. Das eine Mal pflanzte er im Spätsommer und konnte vor Wintereinbruch ernten, das zweite Mal pflanzte er im Winter, um im späten Frühjahr zu ernten. Er wickelte die Blätter fest um die Kohlköpfe und bedeckte sie sogar mit einem feuchten Sack, um sie vor Sonnenlicht, aber auch vor Schmutz zu schützen. Auf diese Weise behielten die Blumenkohlköpfe ihre weiße Farbe. Blumenkohl gehört wie Brokkoli und Kohl zur *Brassica*-Familie, das heißt, er wächst langsam. Die Pflanzen beanspruchen im Gartenbeet sehr viel Platz. Denken Sie also in Ruhe darüber nach, wo sie wachsen sollen und was Sie dazu anpflanzen können, um den Platz möglichst optimal auszunutzen. Wenn Sie mögen, können Sie alle Ihre *Brassica* in ein Beet setzen, dann haben Sie alle großen Pflanzen beisammen. Aber Vorsicht: Die Kohlsorten können sich gegenseitig befruchten. Um das zu vermeiden, muss man zwischen den verschiedenen Sorten genügend Abstand lassen. Früher habe ich Pastinaken oder Petersilie dazwischen gepflanzt.

ZUBEREITEN

Wie ich es schon bei den anderen Mitgliedern der *Brassica*-Familie erwähnt habe (besonders bei Kohl und Rosenkohl), war der arme, alte Blumenkohl jahrelang das Opfer kulinarischen Missbrauchs. Wenn Sie eine Umfrage machen, wette ich, dass einer von zehn – egal, ob Kind oder Erwachsener – über den herrlichen Blumenkohl seine Nase rümpft und sagt: »Puh, der stinkt genauso schlimm wie Rosenkohl!« Schuld daran sind nur die schlechten Zubereitungsmethoden von früher. Wenn Kinder gezwungen werden, zerkochtes Gemüse zu essen, wie sollen sie das mit Genuss tun? Das Gemüse sieht scheußlich aus und es schmeckt und riecht auch so. Woher sollen sie wissen, wie gut Gemüse schmeckt, wenn es ihnen immer nur bis zur Unkenntlichkeit

zerkocht vorgesetzt wurde? Ich glaube, so ist der mit Käse überbackene Blumenkohl entstanden – als Deckmäntelchen für das schlaffe, zerkochte Gemüse.

Wie sein Cousin, der Brokkoli, sollte auch Blumenkohl noch al dente sein. Nicht roh, aber die Röschen sollten noch intakt und nicht zerfallen sein. Garen Sie Blumenkohl wie Pasta in kochendem Salzwasser. Dann gießen Sie das Wasser ab und lassen den Blumenkohl im Sieb noch 1 Minute ausdämpfen. Vom Kochwasser sollte nichts mehr am Blumenkohl haften, denn das verursacht den Geruch. Geben Sie ein Stück Butter dazu und etwas Pfeffer und Salz: einfach köstlich. Und das ist auch schon alles. Mehr gehört nicht dazu, aus dem Blumenkohl einen Leckerbissen zu machen. Behandeln Sie ihn einfach mit ein wenig Respekt.

Ausgezeichnet schmeckt Blumenkohl als Rohkost. Deshalb finden Sie hier auch ein Rezept für Blumenkohl mit Räucherlachs, Erdbeeren und Basilikum (siehe Seite 110). Erdbeeren und Blumenkohl, das klingt vielleicht nach einer seltsamen Ehe, aber glauben Sie mir: Die Kombination ist fantastisch, weil Beeren und Gemüse nicht gekocht werden.

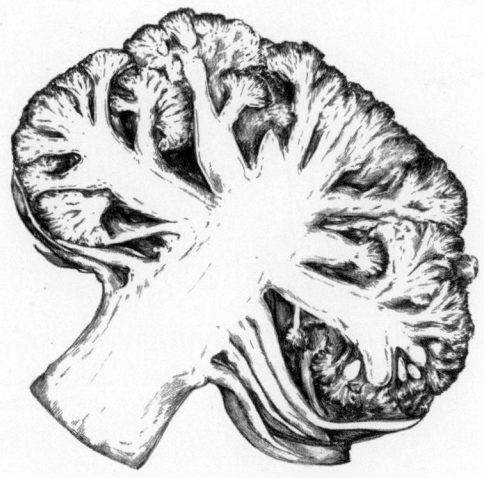

BLUMENKOHL AUF DREIERLEI ART, MIT ODER OHNE WEINBERGSCHNECKEN

FÜR 4 PERSONEN ALS VORSPEISE

Für eine vegetarische Variante können Sie die Weinbergschnecken natürlich weglassen. Und Sie müssen den Blumenkohl nicht einlegen und nicht im Ofen rösten. Aber gerade die Kombination von drei Zubereitungsarten verleiht diesem Salat das gewisse Etwas. Mutige fügen noch ein paar Sardellen hinzu.

Knusprige Weinbergschnecken

12–24 (je nach Größe) rohe Weinbergschnecken ohne Gehäuse (nach Belieben)

1 Knolle Knoblauch, quer durchgeschnitten

5 schwarze Pfefferkörner

1 EL feines Meersalz

2 Zweige Rosmarin

Saft und in Streifen geschnittene Schale von 1 Bio-Zitrone

50 ml Olivenöl

50 g Butter, gewürfelt

1 Knoblauchzehe, fein gehackt

1 EL kleine Kapern, abgespült

2 EL gehackte glatte Petersilie

Blumenkohl

1 großer Kopf Blumenkohl

50 ml Olivenöl

200 ml Weißweinessig

25 g Zucker

Zum Servieren

5 Amaretti-Kekse, grob zerkrümelt

2 Korianderwurzeln, fein gehackt

5 Sauerampferblätter, zerkleinert

1 große Schalotte, fein gehackt

Kerne von ½ Granatapfel (wenn er Saison hat)

4 EL Vinaigrette (siehe Seite 293)

Meersalz und frisch gemahlener schwarzer Pfeffer

4 EL Ziegenfrischkäse

Die Schnecken mit den Knoblauchhälften, Pfefferkörnern, Salz, Rosmarin und Zitronenschale in einen Topf (2 l Fassungsvermögen) geben und so viel Wasser zugießen, dass die Zutaten etwa 5 cm hoch bedeckt sind. Aufkochen und 40 Minuten köcheln lassen. Den Topf vom Herd nehmen und die Schnecken in der Flüssigkeit abkühlen lassen, dann mit einem Schaumlöffel herausnehmen und auf Küchenpapier trocknen lassen.

Für den Blumenkohl den Backofen auf 200 °C vorheizen. Den Kopf in Röschen teilen und den Strunk beiseitelegen. Die Hälfte der Röschen in etwa fingernagelgroße Stückchen hacken und auf ein Backblech verteilen. Olivenöl darüberträufeln und 15–20 Minuten im Backofen rösten, dabei ab und zu am Blech rütteln. Der Blumenkohl sollte am Ende eine goldgelbe Farbe haben. Aus dem Ofen nehmen und in einer großen Schüssel abkühlen lassen.

Essig, Zucker und 100 ml Wasser in einen Topf geben, aufkochen und sofort vom Herd nehmen. Den Strunk des Blumenkohls und die Hälfte der Röschen fein hacken (etwa erbsengroß) und zum Essigsud geben. Bis zum Servieren beiseitestellen.

Restliche Blumenkohlröschen sehr fein hacken und zum gerösteten Blumenkohl in die Schüssel geben.

Zum Servieren Amaretti, Korianderwurzel, Sauerampfer, Schalotte und die Hälfte der Granatapfelkerne zum Blumenkohl geben und die Zutaten gut vermischen.

Den Blumenkohl aus dem Essigsud abseihen und zusammen mit der Vinaigrette in die Schüssel geben. Mit Salz und Pfeffer abschmecken. Noch einmal gut mischen. Auf Tellern anrichten, Ziegenkäse daraufgeben und restliche Granatapfelkerne darüberstreuen.

Für das Rösten der Schnecken eine große Pfanne auf höchster Stufe erhitzen. Olivenöl und Schnecken zugeben und 4–6 Minuten knusprig braten. Dann Butter zugeben und die Temperatur auf schwache Hitze reduzieren. Knoblauch, Kapern und Petersilie hinzufügen und so lange köcheln lassen, bis die Butter hellbraun zu werden beginnt. Zitronensaft unterrühren und die Pfanne vom Herd nehmen. Die Schnecken auf dem Blumenkohl verteilen und etwas von der Knoblauchbutter darauflöffeln.

PICCALILLI

»Piccalilli ist genial. Man sollte nie etwas Geniales essen.« Wie der englische Komiker Peter Kay das klassische englische Relish beschreibt, bringt mich jedes Mal zum Lachen. Ich kann mich noch gut erinnern, wie ich als Jugendlicher Schinken-Piccalilli-Brote verschlungen habe.

250 g Salz

600 g Blumenkohlröschen (etwa 1 großer Kopf)

550 g Zucchini, in daumendicke Stücke geschnitten

400 g Mairüben, Steckrüben oder Teltower Rübchen, in daumendicke Stücke geschnitten

550 g weiße Zwiebeln, halbiert und in Ringe geschnitten

65 g Mehl

1 ¾ EL gemahlene Kurkuma

200 g Zucker

1,25 l Apfelessig

In einem großen Topf (4 l Fassungsvermögen) 2,5 l Wasser mit dem Salz zum Kochen bringen. Topf vom Herd nehmen und abkühlen lassen. Das Gemüse in das Salzwasser geben und 12 Stunden oder über Nacht durchziehen lassen.

Am nächsten Tag erneut im Topf aufkochen und 15 Minuten köcheln lassen. Abseihen und das Gemüse wieder in den Topf geben.

Mehl, Kurkuma und Zucker in einer großen Schüssel mischen und mit 250 ml vom Apfelessig zu einer Paste verrühren. So lange rühren, bis die Paste keine Klümpchen mehr hat, dann den restlichen Essig unterrühren. Zum Gemüse geben und bei kräftiger Hitze 15 Minuten kochen, dabei etwa jede Minute einmal kräftig umrühren. Topf vom Herd nehmen und das Ganze auf Zimmertemperatur abkühlen lassen.

In der Zwischenzeit 8 Gläser mit Schraubdeckel sterilisieren. Das Piccalilli in die Gläser füllen und mit den Deckeln fest verschließen. Bis zum Verzehr muss es noch 3 Wochen durchziehen. Das Piccalilli hält sich 1–2 Jahre, geöffnete Gläser im Kühlschrank bis zu 3 Monate.

BLUMENKOHL MIT RÄUCHERLACHS, ERDBEEREN UND BASILIKUM

FÜR 4 PERSONEN

Bei diesem Gericht muss die Balance stimmen. Der frisch gemahlene Pfeffer hebt das Aroma der Erdbeeren hervor – also gehen Sie nicht zu sparsam damit um. Und auch wenn es sich nach einer seltsamen Paarung anhört: Das Aroma der Erdbeeren harmoniert bestens mit dem von Räucherlachs und Blumenkohl. Der Zitronensaft bringt Säure ins Spiel, der Blumenkohl eine erdige Note und die saure Sahne sorgt für eine schöne Textur. Der Salat schmeckt einfach – als Beilage zu gebackenem Fisch oder als Vorspeise – köstlich. Und als Amuse-Gueule mit einem Glas Champagner bringt er die Geschmacksnerven auf Touren. Wer könnte da widerstehen? Ich nicht!

2 kleine Blumenkohlköpfe	Meersalz und frisch gemahlener schwarzer Pfeffer
100 g Räucherlachs, in Würfel geschnitten	Saft von 1 Zitrone
5 große Erdbeeren, entstielt, in Stückchen geschnitten	50 ml Haselnussöl (oder bestes Olivenöl)
3 Schalotten, fein gehackt	150 g saure Sahne
3 Blätter Sauerampfer, fein zerkleinert	10 Basilikumblätter, in Streifen geschnitten

Mit einem scharfen Messer vorsichtig die Röschen vom Blumenkohl abschneiden und zerkleinern. Den Strunk wegwerfen (oder eine Suppe daraus kochen). Blumenkohl in eine große Schüssel geben und vorsichtig mit Lachs, Erdbeeren, Schalotten und Sauerampfer vermengen. Mit Salz und reichlich Pfeffer würzen.

Kurz vor dem Servieren Zitronensaft und Öl untermengen. Auf Tellern anrichten, jeweils einen Klecks saure Sahne daraufgeben und mit Basilikum bestreuen.

BRAUCHT DIE VOLLE SONNE
UND SCHUTZ VOR WIND.

ZWEI ODER DREI WOCHEN
NACH DER BLÜTE KANN
DER MAIS MEIST
GEERNTET WERDEN.

Wie heis ist auch Mais eine Saat,
die ursprünglich eine Art Wildgras war, das in
Mexiko wuchs und dort Teosinte genannt wurde.

Mais hat in allen Küchen der Welt seinen Platz.
Aber in der europäischen und asiatischen Küche
spielt er erst seit dem 16. Jahrhundert eine Rolle.

MAIS

In Deutschland begann man erst zu
Beginn des 19. Jahrhunderts nach
Hungersnöten Mais zu züchten.

MAIS

Anders als bei anderen Gemüsesorten, die ich im Laufe des Lebens in mein Herz geschlossen habe, hatte ich schon immer eine Schwäche für Mais. Wenn ich Mais sehe, tauchen sofort Bilder von früher auf. Ich als kleiner Junge auf der Kirmes, wie ich meinen Vater bedrängte, mir doch etwas Geld zu geben, damit ich mir einen dampfenden und vor Butter triefenden gebratenen Maiskolben kaufen konnte. Es gibt nichts Vergleichbares!

JE FRISCHER, DESTO SÜSSER

Selbst als ich als Erwachsener nach Australien kam, habe ich auf dem Queen Victoria Market in Melbourne immer noch Maiskolben gegessen. Für mich ist Mais das »Fleisch unter den Gemüsen« – einen Maiskolben kann man nicht auf die feine Art essen. Das ist wie mit Lammkoteletts. Man muss richtig rangehen und den Kolben in die Hand nehmen. Und genau das ist ja der Spaß dabei!

Es gibt ein altes Sprichwort. Mais, der vor mehr als zwei Stunden geerntet wurde, hat seine Aromen verloren. Das könnte stimmen, denn ich habe den knubbligen Burschen immer gepflückt und sofort zubereitet. Und sein Geschmack war wirklich intensiv. Frisch geernteter Mais hat ein natürliches Süßholzaroma, das nach wenigen Stunden verschwindet. Doch wenn Sie einen Bauern kennen, der Mais anbaut – ich kenne einen –, bitten Sie ihn darum, für Sie das noch unreife Baby mitsamt Hülse abzuschneiden – es hält länger und vom Süßholzaroma bleibt etwas erhalten.

Als der Entdecker Christoph Kolumbus Amerika entdeckte, »entdeckte« er auch den Mais, der auch unter den Namen Zuckermais und Kukuruz bekannt ist. Mais, botanisch gesehen ein Gras, kein Getreide, war für die Ureinwohner Südamerikas ein Grundnahrungsmittel. Allerdings hatte er damals mehr Ähnlichkeit mit Weizen als mit unseren heutigen Maiskolben. Die eingewanderten Europäer hätten wahrscheinlich an den unwirtlichen amerikanischen Küsten niemals überlebt, hätten ihnen die einheimischen Bewohner nicht gezeigt, wie man Mais anbaut und was man daraus macht.

NICHT NUR ZUM ESSEN

Mittlerweile ist Mais weltweit in allen Küchen zu Hause. Und man kann sich kaum noch vorstellen, dass er erst seit dem 16. Jahrhundert in Asien und Europa auf den Tisch kommt. Können Sie sich eine Speisekarte beim Chinesen ohne Hähnchen und Maissuppe vorstellen? Oder einen Italiener ohne Polenta? Weltweit, von Mexiko bis Afrika, wurde der Mais mit Begeisterung angenommen –, insbesondere von den ärmeren Ländern, weil er ein guter Lieferant von Eiweiß, Kohlenhydraten und Vitaminen ist.

Vielleicht ist es Ihnen gar nicht bewusst: Kein Tag vergeht, ohne dass man Mais oder ein Derivat davon in irgendeiner Form zu sich nimmt. Das überrascht eigentlich nicht, denn Mais gehört zu den meistangebauten Agrarpflanzen weltweit. Erstaunlich aber ist, welche Form der Mais dabei annehmen kann. Ich liebe ja Mars-Riegel, habe aber erst kürzlich festgestellt, dass diese auf Maisbasis hergestellt werden – mit Maissirup als Süßungsmittel. Es gibt mehr als 3000 Produkte, die aus Mais erzeugt werden oder Mais enthalten. Dazu gehören Maismehl (auch als Polenta bekannt), Maisstärke (Speisestärke), Popcorn, das vor allem im Süden der USA beliebte Cornbread, Nachos, Tortillas, südamerikanische Spezialitäten wie Maisgrieß und weißes Maismehl und nicht zu vergessen die guten alten Cornflakes. Doch es gibt eine Vielzahl weiterer Produkte, bei denen die Maisbestandteile weniger augenfällig sind und die gar nicht zu den Lebensmitteln zählen: Babypuder, Bio-Treibstoff, Kunststoffe, Papier, Batterien, Kosmetik, Insektizide, Zahncremes, Textilien und Sprengstoff – die Liste ließe sich beliebig fortsetzen. Mais ist also sehr viel mehr als nur ein Gemüse.

ANBAU

Vergessen wir jetzt einmal die Massenproduktion und überlegen wir uns, wie man auf einem kleinen Grundstück die besten Resultate erzielen kann, wenn man Mais selbst anbauen möchte. Vor sieben Jahren habe ich es zum ersten Mal versucht, an der hinteren Mauer meines Gartens im Melbourner Stadtteil Abbotsford. Ein durchschlagender Erfolg war das nicht – kleine, ungleichmäßige Kolben mit nur wenigen Körnern daran. Wahrscheinlich habe mich zu sehr damit beschäftigt, wohin ich die Pflanzen setzen sollte, und nicht über die Tatsache nachgedacht, dass Mais keine selbstbestäubende Pflanze ist.

Der Blütenstaub der männlichen Blütenstände, die sich oben an der Spitze der Pflanze befinden, kann nämlich nur mit etwas Nachhelfen den weiblichen Teil der Pflanze erreichen, aus dem sich die Frucht bildet. Beim nächsten Versuch im Küchengarten meines Restaurants *Circa* habe ich viel dichter ausgesät und die Pflanzen nicht ausgedünnt, weil ich nun wusste, dass nur das Aneinanderstoßen der Pflanzen dazu führt, dass mehr Früchte entstehen.

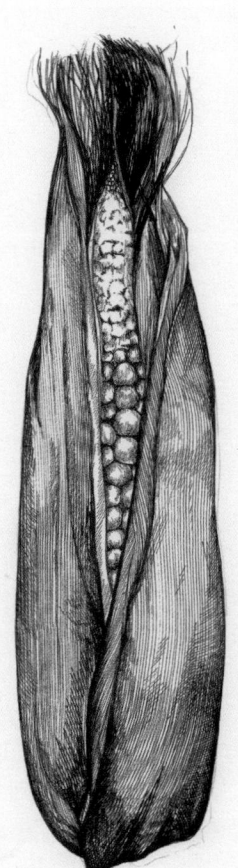

JUNGE MAISKÖLBCHEN MIT BUTTER UND KRÄUTERSALZ

FÜR 4 PERSONEN ALS SNACK
ODER APPETITHÄPPCHEN

*Hierfür benötigen Sie frisch geernteten jungen Mais. Die Spelze
sollte beim Kauf noch an den Kolben sein, so bleibt er süßer und frischer.
Der Mais muss warm serviert werden, damit das feine
Süßholzaroma sich entfalten kann.*

16 kleine Maiskolben, Spelze entfernt	**40 g zerlassene Butter**
Salz	**Kräutersalz (siehe Seite 293) zum Bestreuen.**

Die Maiskölbchen in siedendem Salzwasser bei mittlerer Hitze 5–7 Minuten garen. Die Körner sollten noch leichten Biss haben. Abgießen und in eine Schüssel geben, Butter und Kräutersalz zugeben und die Kolben damit überziehen.

MAISSALAT MIT GARNELEN UND JALAPEÑOS

FÜR 4 PERSONEN ALS HAUPTGERICHT

Ein Salat, den ich schon in vielen unterschiedlichen Varianten zubereitet habe. Diese Version habe ich an meinen beiden Freunden und ehemaligen Restaurantchefs, Jenni Draper und Rosanne Hyland, getestet. Der Druck war also groß. Doch glücklicherweise ging alles gut und die beiden stimmten mir zu, dass dieser frische und aromatische Salat wirklich ein großartiges Hauptgericht ist.

2 Maiskolben, ohne Spelze	½ kleine rote Zwiebel, dünn geschnitten
grobes Meersalz oder Fleur de Sel und frisch gemahlener schwarzer Pfeffer	1 kleine Gärtnergurke, geviertelt, in kleine Würfel geschnitten
400 ml Sonnenblumenöl	2 EL Crème fraîche
1 Zweig Estragon	Saft von ½ Zitrone
12 rohe große Garnelen (Shrimps), geschält, Darm entfernt	3 Frühlingszwiebeln, in Röllchen geschnitten
2 EL grob gehackte eingelegte Jalapeños (oder eine andere Chilisorte)	2 EL grob gehackte Minzeblätter
	1 Handvoll gehacktes Koriandergrün

In einen Topf 1,5 l Wasser geben, Maiskolben und etwas Salz zugeben und zum Kochen bringen. Die Maiskolben bei mittlerer Hitze 9–12 Minuten köcheln lassen. Den Topf vom Herd nehmen und den Mais in der Flüssigkeit abkühlen lassen, dann die Körner mit einem scharfen Messer abschaben und in eine große Schüssel geben. Kochwasser wegschütten und abgezupfte Kolben wegwerfen oder daraus eine Brühe zubereiten (siehe Hinweis).

Das Öl in einen Topf geben und den Estragon bei milder Hitze leicht anbraten. Dann den Topf vom Herd nehmen und die Garnelen hinzufügen. 5–10 Minuten im heißen Öl sanft schmoren lassen. Alternativ können Sie die Garnelen auch dämpfen. Nach 10 Minuten mit einem Schaumlöffel herausnehmen.

Jalapeños, Zwiebel, Gurke, Crème fraîche und 8 Garnelen mit 1 TL von dem Garnelen-Öl, Zitronensaft, Salz und Pfeffer zu dem Mais in die Schüssel geben und mischen. Die Hälfte von Frühlingszwiebeln, Minze und Koriander unterheben. Auf Tellern anrichten und die restlichen Garnelen darauflegen. Mit den restlichen Frühlingszwiebeln und Kräutern bestreuen.

Hinweis: Aus den abgezupften Kolben können Sie eine schöne Gemüsebrühe für Suppen und Pürees machen. Einfach die Kolben wieder in das Kochwasser legen und 6–10 Minuten köcheln lassen.

NONNA LEAHS MAISBROT

ERGIBT 30 DREIECKE

Ein fantastischer Snack für den Nachmittag draußen im Garten.
Schmeckt auch gut zum Frühstück.

Maissahne

300 g frische Maiskörner (etwa 3 Kolben)

300 g Sahne

Maisbrot

60 g Butter

1 rote Zwiebel, fein gehackt

1 EL süße Chilisauce

1 Ei

200 ml Milch

50 ml Buttermilch

1 Portion Maissahne à 350 g (siehe links)

190 g Maismehl (Polenta)

150 g Mehl, gesiebt

1½ TL Backpulver

½ TL Salz

60 g Cheddar-Käse, gerieben (ersatzweise Edamer)

Für die Maissahne Maiskörner und Sahne in einen Topf geben (1 l Fassungsvermögen) und aufkochen lassen. Dann 40–50 Minuten sanft köcheln lassen. Etwas abkühlen lassen, dann in eine Küchenmaschine oder einen Mixer geben und verarbeiten, bis eine glatte Konsistenz erreicht ist. In ein Gefäß gießen und kalt stellen. Ergibt 350 g. Die Sahne lässt sich auch gut für ein Maispüree verwenden.

Den Backofen auf 180 °C vorheizen. Ein Backblech (etwa 30 × 20 cm) leicht einfetten.

Für das Brot die Butter bei mittlerer Hitze in einer Pfanne zerlassen. Zwiebel zugeben und darin anschwitzen, bis sie weich ist. Chilisauce hinzufügen und heiß werden lassen.

Ei, Milch und Buttermilch in einer Schüssel verquirlen, dann die kalte Maissahne einrühren.

Maismehl, Mehl, Backpulver und Salz in einer anderen, großen Schüssel verrühren. Die Ei-Sahne-Mischung unterrühren, dann die Chilizwiebeln und den geriebenen Käse unterarbeiten. Auf dem Backblech verstreichen und 60–65 Minuten im Ofen backen. Mit einem Metallspieß die Garprobe machen (siehe Seite 98), dann das Blech herausnehmen und auf einem Rost etwas abkühlen lassen. Das Maisbrot in kleine Dreiecke schneiden und sofort als kleinen Nachmittagssnack servieren. In Backpapier eingewickelt und in einer luftdichten Dose aufbewahrt, hält es sich 1 Woche.

PARMESANPOLENTA MIT KRABBEN UND MUSCHELN

FÜR 4 PERSONEN

Dieses Gericht ist aus einem Fehler entstanden, der mir einmal beim Kochen zu Hause passierte: Ich hatte für meine Polenta viel zu viel Flüssigkeit genommen. Aber es gelang mir dann, etwas wirklich Tolles daraus zu machen. Ich fügte Mascarpone und Parmesan hinzu, einige Garnelen und Muscheln – und voilà! Dazu gab es einen einfachen Rucolasalat – die Polenta braucht frische Salatblätter als Begleiter. Am nächsten Tag im Restaurant experimentierte ich mit dem Rezept herum und eine Woche später stand es auf der Karte. Es ist eines der Gerichte geworden, die ich am liebsten koche. Ein Glas Chardonnay passt hervorragend dazu. Ich serviere es am liebsten in einer Kupferpfanne, aus der sich alle bedienen. Ein Luxus dazu: frisch gehobelte Trüffeln.

1 kg Muscheln, unter fließendem Wasser abgebürstet

400 ml Weißwein

300 g gegartes Krabbenfleisch, ohne Schalen

175 g Instant-Maismehl

½ TL feines Meersalz

frisch gemahlener schwarzer Pfeffer (nach Geschmack)

60 g Parmesan, fein gerieben

2 EL Trüffelöl

1 EL Mascarpone

2 EL Kerbel, gehackt

2 EL gehackte glatte Petersilie

Saft von 1 Zitrone

Einen Topf mit 2,5 l Fassungsvermögen auf den Herd stellen und 1 Minute bei hoher Temperatur erhitzen. Dann die Muscheln in den Topf geben (man sollte ein leises Brodeln hören) und 2 Minuten unter Rühren erhitzen. Weißwein zugießen, den Deckel auflegen und die Muscheln genau 5 Minuten garen. Den Topf vom Herd nehmen und die Muscheln durch ein feines Sieb abseihen. Die Kochflüssigkeit dabei auffangen und für später beiseitestellen. Das Muschelfleisch aus den Schalen nehmen (ungeöffnete Muscheln wegwerfen, sie sind ungenießbar), grob zerkleinern und mit dem Krabbenfleisch vermengen.

Den Topf säubern. Maismehl, 500 ml vom Muschelsud und etwa 500 ml Wasser hineingeben und unter ständigem Rühren bei mittlerer Hitze aufkochen lassen. Etwa 6–9 Minuten rühren. Die Polenta sollte eine glatte, cremige Konsistenz haben. Den Herd auf niedrigste Temperatur stellen, Salz, Pfeffer und Parmesan unterrühren, bis der Käse vollständig geschmolzen ist. Den Topf vom Herd nehmen, die Muschel-Krabben-Mischung und alle restlichen Zutaten unterrühren. Sofort servieren. Gut dazu: der Fenchel-Mozzarella-Salat auf Seite 154.

Bestehen zu
mehr als 90 %
aus WASSER

BENÖTIGEN LOCKERE, NÄHRSTOFFREICHE
BÖDEN MIT GUTER WASSERVERSORGUNG

stammen ursprünglich aus
Indien. Dort wurden sie schon
vor 3000 Jahren kultiviert.

GURKEN

sind durstige Pflanzen und
anfällig für Pilzinfektionen.

(CUCUMIS SATIVUS)

GURKEN

In meiner Jugend habe ich Gurken nur ein einziges Mal in einem Garten wachsen sehen. Als ich zum ersten Mal eine Ranke mit hübschen gelben Blüten sah, dachte ich, es handle sich um einen kleinen Kaktus. So stachelig sah die Gurkenpflanze aus.

SORTEN

Es gibt viele unterschiedliche Gurkensorten und eine Vielzahl alter Züchtungen. Gurken können – je nachdem, wofür man sie verwendet – in vier Kategorien eingeteilt werden. Die erste Kategorie, die Salatgurke, lässt sich am besten in Scheiben schneiden und, wie es der Name sagt, roh in Salaten verwenden. Sie eignet sich für die meisten Rezepte. In die zweite Kategorie fallen Gurken zum Einlegen – dazu muss man nichts weiter erklären. Hierzu gehören natürlich die kleinen Gewürz- oder Essiggurken. Dann gibt es noch Sorten mit kleinen Stacheln. In die vierte Kategorie fallen die alten Kultursorten, die hier und dort gezüchtet werden. Wenn Sie aber heute in der Straße jemanden darum bitten, Gurkensorten aufzuzählen, wird er Ihnen wahrscheinlich nur zwei nennen können – die kurzen Libanon-Gurken (Mini-Gurken) und natürlich die normalen Salat- bzw. Schlangengurken. Beide sind weltweit bekannt, Allrounder sozusagen, und Sie finden sie in nahezu jedem Supermarkt. Aber es lohnt sich, nach anderen Sorten Ausschau zu halten. Vielleicht werden Sie ja auf Bauern- oder guten Wochenmärkten oder in Hofläden fündig. Probieren Sie doch einmal die Armenische Gurke, die so lang wie ein Flaschenkürbis ist und eigent-

lich zu den Melonen zählt. Man nennt sie daher auch Melonengurke. Oder die Syrische Gurke, die eine gelbe Schale hat und so rund wie ein Apfel ist. Die verschiedenen Sorten haben unterschiedliche Charakteristika und einen jeweils anderen Geschmack. Einige haben eine bittere Schale, aber cremig-zartes Fruchtfleisch, andere wiederum haben haufenweise Kerne und wenig Fleisch, und einige Sorten enthalten unglaublich viel Wasser. Sie werden entsprechend unterschiedlich verwendet. Deshalb baue ich meine eigenen Gurken an und investiere ein wenig Zeit in die Recherche unterschiedlicher Sorten.

VERWENDUNG

Man glaubt es kaum, aber die bescheidene Gurke ist ein Gemüse, das wie viele andere auch die Welt erobert hat. Ihre Heimat ist Indien, wo man sie wegen ihrer wunderbar erfrischenden und kühlenden Eigenschaften schätzt. Man macht aus ihr dort den herrlichen Joghurtdip Raita, der als Beilage zu scharfen Currys gereicht wird. In der Kolonialzeit muss die Gurke für alle englischen Gentlemen ein Geschenk des Himmels gewesen sein, das sie gern annahmen und schließlich in ihre Heimat exportierten. Oder gibt es etwas Britischeres als ein Gurkensandwich? Aber natürlich mögen auch die Japaner ihre sauer eingelegten Gurken, die Franzosen schwören auf ihre Cornichons und Polen und Deutsche lieben ihre Gewürzgurken. Und wenn wir gerade dabei sind – was wäre ein Big Mac ohne Essiggurke? Da ist es schon merkwürdig, dass der große Linguist Samuel Johnson so schlecht von Gurken dachte, dass er gesagt haben soll: »… eine Gurke muss gut geschält, mit Pfeffer und Essig angerichtet und dann weggeworfen werden, denn sie taugt nichts.« Wie ungezogen!

ZUBEREITUNG

Nun schneide ich ein Thema an, das bereits viele Jahre lang Gegenstand von Debatten ist: Salzen oder nicht salzen? Schälen oder nicht schälen? Ja, das sind die Fragen. Und meine Antworten darauf: Das ist Ihre Sache. Einzige Ausnahme sind Gurkensandwiches. Da müssen die Gurken geschält werden. Ich glaube nicht, dass die Queen ihren Nachmittagstee wirklich genießen könnte, würde sie feststellen, dass die Gurken in ihrem Sandwich ungeschält sind. Und es gibt zudem einige Gurkensorten, deren Schale hart und bitter ist, da würde ich das Schälen unbedingt empfehlen. Aber schälen Sie die Gurken nicht zu dick, das hübsche grüne Pigment direkt unter der Schale sollte noch zu sehen sein. Auch ob Sie salzen oder nicht, ist eine Frage des Geschmacks. Ich finde, dass ein bisschen Würze niemals schaden kann. Und noch eines, das ich auch später bei den Zucchini noch erklären werde (siehe Seiten 278–287): Wenn Sie Gurken vor der Verarbeitung einige Minuten salzen, wird dem Fruchtfleisch überschüssiges Wasser entzogen. Und das kann durchaus von Vorteil sein.

ANBAU

Wenn Sie Gurken anbauen möchten, sollten Sie wissen, dass Gurken kalkhaltige Böden mögen und nicht viel Dünger benötigen. Sie gedeihen überdies am besten auf pH-neutralem Boden, dieser sollte also weder zu sauer noch zu alkalisch sein. Und was für Mengen an Wasser diese Gurken brauchen! Ist aber logisch – sie bestehen ja zu über 90 Prozent aus Wasser.

Versuchen Sie es mit Gurkensaat – es macht wirklich Spaß, Setzlinge in einem kleinen Gewächshaus zu ziehen und sie später in den Garten zu verpflanzen. Bauen Sie ihnen ein kleines Tipi aus Pfählen, damit ihre Ranken etwas haben, an dem sie sich festhalten und in die Höhe wachsen können. Und noch etwas, das mir einige Male passiert ist und über das ich mich sehr geärgert habe: Gurkenpflanzen besitzen sehr kleine, feine Wurzelsysteme, seien Sie also vorsichtig, wenn Sie eine Gurke pflücken. Im schlimmsten Fall reißen Sie die ganze Pflanze heraus und dann müssen Sie sich auch ärgern. Wenn es doch einmal aus Versehen passiert, pflanzen Sie die Pflanze nicht wieder ein. Es funktioniert nicht – glauben Sie mir!

GURKEN-JOGHURT-SUPPE

FÜR 4 PERSONEN

Wenn Sie kein Freund von kalten Suppen sind, dann begreifen Sie sie einfach als Sauce, die wunderbar zu anderen Dingen passt oder an einem heißen Tag erfrischt. Diese Suppe gehört zu meinen Lieblingssuppen, sie ist samtig, cremig und schmeckt nach mehr. Ausgezeichnet dazu passen Krabben, Flusskrebse, Langusten oder gekochtes Geflügel. Sie können Nüsse oder helle Sultaninen hinzufügen, und wenn das Aroma zu schwach ist, geben Sie einen Schuss Rotweinessig oder Zitronensaft hinzu.

100 g Butter

3 große Salatgurken, geschält, entkernt und grob gewürfelt

300 g Schafsmilchjoghurt

Meersalz und frisch gemahlener schwarzer Pfeffer

bestes Olivenöl zum Servieren

Die Butter bei mittlerer Hitze in einem Topf zerlassen. Gurke hineingeben und 7–10 Minuten darin sautieren – sie sollte keine Farbe annehmen – bzw. so lange, bis sie weich ist. Dann sofort in einen Mixer geben und glatt pürieren. Durch ein feines Sieb in eine Schüssel streichen und so lange kalt stellen, bis die Suppe gut gekühlt ist.

In die kalte Suppe den Joghurt rühren, mit Salz und Pfeffer würzen und ein zweites Mal durch das Sieb streichen. Entweder sofort mit etwas Olivenöl beträufelt servieren oder bis zum Servieren wieder kalt stellen.

IRENES TSATSIKI

ERGIBT 3 KLEINE SCHÜSSELN

Irene ist Griechin, eine ganz reizende Dame, die für ein australisches Unternehmen arbeitet. Sie nahm an einem meiner Kochkurse in Melbourne teil und aß einmal in meinem Restaurant. Dort bestellte sie einen Salat und sagte mir dann, er habe ausgezeichnet geschmeckt, doch mit ein wenig Tsatsiki wäre er noch besser gewesen. Ich Dickkopf aus Yorkshire rümpfte die Nase. Doch Irene störte sich nicht daran, sondern erklärte mir, dass man für Tsatsiki die Zutaten nicht einfach zusammenrühren könne, nein, sie müssten nach und nach miteinander verbunden werden, um den Geschmack zu optimieren. Ich probierte es aus und – sie hatte recht. Wenn man es richtig macht, ist es tausendmal besser als das gekaufte Zeug. Bei mir gibt es jetzt zu vielen Gerichten Tsatsiki. Ich empfehle, den Dip einen Tag vor dem Verzehr zuzubereiten, damit die Aromen sich voll entfalten können. Danke, Irene!

500 g fester Schafsmilchjoghurt	1 ½ EL Weißweinessig
1 große Salatgurke (etwa 350 g), geschält, fein gehobelt und überschüssiges Wasser herausgedrückt	2 EL Olivenöl
	2 Prisen feines Meersalz
1 EL fein gehackte glatte Petersilie	frisch gemahlener weißer Pfeffer (nach Geschmack)
1 EL fein gehackter Dill	3 Knoblauchzehen, fein gerieben

Joghurt, Gurke, Petersilie und Dill in eine Schüssel geben und vorsichtig miteinander verrühren.

Jetzt müssen die Aromen nach und nach gebildet werden: Zuerst Essig, Öl, Salz und Pfeffer unterrühren. Eventuell zusätzlichen Essig oder Salz dazugeben. Dann langsam so viel Knoblauch, wie man mag, unterrühren. Der Knoblauchgeschmack wird intensiver, wenn der Tsatsiki im Kühlschrank steht – weniger ist also mehr.

GURKENSALAT MIT QUINOA, WEIZEN UND KRÄUTERN

FÜR 4 PERSONEN

Gebratene Gurke? Sie müssen mich für verrückt halten! Doch dieser Salat ist umwerfend und ideal für den Sommer. Ein Muss zu einem kühlen Gin Tonic.

3 Mini-Salatgurken, geschält, Kerne entfernt und in 3 cm große Würfel geschnitten

20 g feines Meersalz

50 ml Olivenöl

1½ Tassen gegarter Quinoa (siehe Seite 290)

½ Tasse gegarter Freekeh (gerösteter grüner Weizen, siehe Seite 290)

½ kleine rote Zwiebel, fein geschnitten

3 EL gehackte Bio-Mandeln

3 EL Sultaninen (vorzugsweise helle)

3 EL Sonnenblumenkerne

Saft von 1 Zitrone

75 ml bestes Olivenöl

1 EL gehackte glatte Petersilie

1 EL gehackte Minze

½ Tasse Brunnenkresse

Meersalz und frisch gemahlener schwarzer Pfeffer

200 g Naturjoghurt

Die Gurkenwürfel auf einem mit Küchenpapier belegten Blech verteilen und großzügig mit Salz bestreuen. 3 Minuten Saft ziehen lassen, dann in ein Sieb geben, spülen und mit Küchenpapier trocken tupfen. Das entzieht der Gurke Feuchtigkeit und verhindert so, dass der Salat matschig wird.

Eine große Pfanne auf höchster Stufe erhitzen, dann Olivenöl und Gurken hineingeben und 4 Minuten braten bzw. so lange, bis die Gurkenwürfel goldgelb sind. In eine Schüssel geben (ich nehme jetzt schon die Schüssel, in der der Salat serviert wird).

Restliche Zutaten außer Joghurt hinzufügen und von den gehackten Kräutern etwas aufheben. Den Salat vorsichtig mischen und ggf. nachwürzen. Den Joghurt zum Schluss in kleinen Klecksen daraufgeben und mit den restlichen Kräutern bestreuen.

mögen keinen

FROST

Eine empfindliche
mehrjährige Pflanze, die oft
als einjährige kultiviert wird.

Stammen aus Indien und wurden in China seit 600 v. Chr. kultiviert.

WURDE IN MITTELEUROPA MIT DEM SIEGESZUG DER MEDITERRANEN KÜCHE POPULÄR.

AUBERGINEN

REICH AN
VITAMIN B6

AUBERGINEN

Ich lebe nun schon zehn Jahre in Australien und es ärgert mich immer noch, dass man die Aubergine hier als »Eierfrucht« bezeichnet. Ich finde die Bezeichnung furchtbar. In Nord- und Mitteleuropa sagt man Aubergine. Und wieso überhaupt Eierfrucht? Das Gemüse ist violett und nicht weiß! Nun, der Name rührt von einer unbekannten weißen Sorte her, die einem Ei ziemlich ähnelt.

BELLA DONNA DES SOMMERS

Für mich ist die Aubergine ein seltsames Gemüse, genauso wie Zucchini und einige andere mediterrane Gemüsesorten, die ich erst in Australien schätzen lernte. In England, wo ich aufwuchs, gab es ziemlich oft Auberginen und ich mochte ihren Geschmack nicht. Mir waren sie zu sauer, aber das lag nur daran, dass ich sie übergart und schlecht zubereitet hatte. Meine Meinung änderte sich radikal nach einem guten Babaganoush. Es war überwältigend: Diese rauchige Auberginencreme, serviert auf knusprigem, warmem Pitabrot, ist einfach köstlich! Wenn Sie das probiert haben, müssen Sie Auberginen lieben. Hätten meine Eltern mir als Kind Babaganoush kredenzt, hätte ich dieses Gemüse schon früher in mein Herz geschlossen.

Vor neun Jahren besuchte ich Arnie und Jo Pizzini, die Besitzer eines Weinguts im King Valley im australischen Bundesstaat Victoria. Damals lernte ich die italienische Art der Auberginenzubereitung schätzen. Ich stand ganz in der französischen Küchentradition und verstand die Einfachheit der Aromen in der italienischen Küche nicht. Arnie und Jo haben halb sizilianische, halb Mailänder Wurzeln. Und so waren es die von Jos Mutter, Nonna Franca, zubereiteten sizilianischen Auberginen, die mir die Augen öffneten: Man muss der Aubergine nur Liebe und Respekt entgegenbringen, dann wird ein großartiges Gemüse daraus. Die Auberginen wurden gesalzen, dann gegrillt, mit Essig, Öl, Knoblauch (was sonst?) und Gewürzen mariniert und schließlich mit Basilikum bestreut. Daneben standen auf dem Tisch auch noch Frikadellen, Salate, Lasagne … In guter italienischer Gastfreundschaftsmanier bog sich der Tisch vor lauter guten Dingen. Doch richtig verliebt habe ich mich in die Auberginen. Ich konnte nicht genug von ihnen bekommen. Auch heute esse ich sie noch sehr oft, den ganzen Sommer hindurch. Die Aubergine ist ein herrliches Sommergemüse und sollte auch als solches betrachtet werden. Das ist wie bei den Tomaten – auch da versuche ich sie nur zu essen, wenn sie frisch geerntet werden.

SORTEN

Es gibt viele verschiedene Sorten. Drei fallen mir aus dem Stand ein: Neben den großen, dunkelvioletten Standard-Auberginen, die man im Supermarkt findet, gibt es die Libanesische Aubergine, die wie ein langer violetter Finger aussieht und am besten schmeckt, wenn man sie einfach in Scheiben schneidet, leicht salzt und in der Pfanne anbrät. Und die weiß-rosa gefärbte Rosa Bianca ist wunderschön anzuschauen. Zudem gibt es einige indische Sorten, die mehrfarbig gesprenkelt sind. Und nicht zu vergessen die länglichen weißen Auberginen, die aus Japan stammen.

VERWENDUNG

Auberginen sind weit verbreitet. Ursprünglich wurden sie in Indien kultiviert, und als sie nach England kamen, wurden sie nicht gerade begeistert aufgenommen. Dem tödlichen Nachtschattengewächs stand man distanziert gegenüber. Aus irgendeinem Grund glaubte man anfangs, es sei für alle Arten von Krankheiten verantwortlich – von einer schlechten Gesichtsfarbe bis hin zu Lepra und Hämorriden. Schließlich wurde sie populär, was womöglich mit der Übersetzung ihres Sanskritnamens – vatin-gana – zusammenhängt. Vatin-gana bedeutet »Anti-Blähungen« oder »Blähungskiller«. So fand die Aubergine Verwendung als Ergänzung zu jeder Kost, die sehr viel blähendes Gemüse, wie etwa Bohnen oder Kohl, enthält.

Japaner lieben Auberginen mit süßem Miso und in vielen indischen Currys ist die Aubergine der Star. Und stellen Sie sich Syrer und Libanesen ohne Auberginen vor – einfach unmöglich! In der italienischen und südfranzösischen Küche ist das Gemüse eine wichtige Säule – man denke nur an Ratatouille. Und die Griechen mit ihrem berühmten Nationalgericht Moussaka wären ohne die Aubergine verloren.

ANBAU

Vor rund neun Jahren habe ich zum ersten Mal Auberginen angebaut. Und ehrlich gesagt – auch

wenn das ein wenig peinlich ist –, ich fühlte mich wie ein Kind, das man fragt, woher die Kartoffeln kommen, und das nicht weiß, dass diese in der Erde wachsen. Als ich zum ersten Mal die Setzlinge gepflanzt hatte, war ich aufgeregt, weil ich nicht wusste, was mich erwartete. Die Pflanze wurde größer und größer und reichte mir bald bis zu den Knien, und dann war plötzlich Schluss. Dann kam aus einer großen Knospe eine wunderschöne violette Blume, und nach einigen wenigen Wochen war daraus eine riesige Aubergine geworden, die an einem dürren Stängel hing. Ich dachte bei mir: »Stell dir vor, du wärst eine Aubergine da draußen im Garten und jeder würde dich anschauen, mit deinen spindeldürren Hühnerbeinchen. Alle anderen Pflanzen würden dich auslachen!« Die Aubergine ist eine wunderschöne Frucht, aber irgendwie sieht sie doch ein bisschen komisch aus mit ihrem kräftigen Bauch, der an einem kleinen dürren Stängel hängt.

Denken Sie daran, dass Auberginen die volle Sonne brauchen und mit rund 20 cm Abstand voneinander gepflanzt werden müssen. Ich finde, der Anbau gelingt am besten, wenn Sie die Auberginen als Setzlinge vorziehen und erst in den Garten pflanzen, wenn diese 6 cm groß sind. Bedecken Sie den Boden rundherum mit Stroh, das schützt die wassergierige Pflanze vor dem Austrocknen. Vier bis fünf Setzlinge liefern eine ausreichend große Ernte. Ein hübscher Blickfang ist die Aubergine noch dazu, und Ihre Kinder und auch Sie werden staunen, wie es möglich ist, dass solche dürren Beinchen das Gewicht eines Medizinballs tragen können.

SIZILIANISCHES AUBERGINEN-MOZZARELLA-SANDWICH

FÜR 4–8 PERSONEN
JE NACH GRÖSSE DER PORTIONEN

Dieses Rezept vereint zwei Erinnerungen in meinem Leben: Auberginen und die besten Sandwiches, die es je gab. Die erste Erinnerung ist ein Besuch bei meinen guten Freunden Arnie und Jo Pizzini auf deren Weingut. Sie bereiteten die Auberginen so köstlich zu, dass ich dieses Gemüse schätzen lernte.

Die zweite Erinnerung reicht in meine Kindheit zurück. Wie oft habe ich meine Tante Mary und meinen Onkel Pete in den Bergarbeiterdörfern von Barnsley besucht! Dort habe ich die besten Sandwiches meines Lebens gegessen. Was machte sie so besonders? Es hatte etwas mit dem Brot zu tun. Klar, auch der Belag und die Pickles darauf schmeckten herrlich, aber das Brot spielte noch in einer anderen Liga. Es war gebacken wie ein Yorkshire-Hefebrötchen: weich und locker. Und es puderte die Lippen mit Mehl, so wie ein Krapfen sie mit Zucker pudert. Sie können mein Sandwichrezept auch gerne variieren – fügen Sie an Zutaten hinzu, was immer Ihrer Meinung nach gut dazupasst.

Auberginen

1 große Aubergine, in dünne Scheiben geschnitten

1½ EL feines Meersalz

1½ EL Olivenöl

300 ml sehr guter Weißweinessig (je besser, desto aromatischer)

100 ml bestes Olivenöl

2 Knoblauchzehen, fein gehackt

3 Stängel Basilikum

Brötchen

700 g Weizenmehl Type 550

½ TL Zucker

¾ TL feines Meersalz

20 g Butter

15 g Trockenhefe

Zum Servieren

2 Kugeln Büffelmozzarella, in Scheiben geschnitten

16 Basilikumblätter

Meersalz und frisch gemahlener schwarzer Pfeffer

Für die Auberginen die Scheiben in eine hitzebeständige Form legen, mit Salz bestreuen und 5 Minuten Saft ziehen lassen. Das Salz abspülen und die Auberginenscheiben mit Küchenpapier trocken tupfen. Eine Grillpfanne auf höchster Stufe erhitzen. Eine Seite der Auberginen mit Olivenöl bestreichen. Mit der geölten Seite nach unten in die heiße Pfanne legen und leicht bräunen lassen. Aus der Pfanne nehmen und nebeneinander wieder in die Form legen.

Essig mit Olivenöl extra vergine und Knoblauch in einen Topf geben und aufkochen lassen. Dann über die Auberginen gießen. Basilikumstängel darauflegen und abkühlen lassen. Die Auberginen sollten komplett mit der Flüssigkeit bedeckt sein.

Für die Hefebrötchen Mehl, Zucker und Salz in eine große Schüssel geben. 270 ml Wasser mit der Butter bei niedriger Temperatur in einem Topf erhitzen, bis die Butter geschmolzen ist. Dann den Topf vom Herd nehmen und die Flüssigkeit etwas abkühlen lassen (so lange, bis Sie einen Finger eintauchen können). Die Hefe einrühren, bis sie sich vollständig aufgelöst hat, dann zu der Mehlmischung geben und das Ganze zu einem geschmeidigen Teig verarbeiten. Mit einem Küchenhandtuch abdecken und an einem warmen Ort 30–40 Minuten gehen lassen, bis der Teig sein Volumen verdoppelt hat.

Den Backofen auf 210 °C vorheizen. Ein Backblech leicht mit Mehl bestäuben.

Den Teig auf eine leicht bemehlte Arbeitsfläche legen und 2–3 Minuten kneten, bis keine Luftblasen mehr darin sind. Den Teig in 8 gleich kleine oder 4 große Portionen teilen. Dann jede Portion mit den Händen zu einer Kugel formen. Die Teigkugeln mit einem Abstand von mindestens 3 cm auf das bemehlte Backblech geben. Mit einem Küchenhandtuch abdecken und weitere 15–25 Minuten gehen lassen, bis sie ihre Größe verdoppelt haben. Etwas Mehl über die Brötchen stäuben und 7 Minuten backen, dann das Blech aus dem Ofen nehmen und die Brötchen mit etwas Wasser benetzen. Wieder in den Backofen schieben und die Brötchen weitere 15–20 Minuten backen (die größeren Brötchen etwas länger). Sie sind fertig, wenn sich ein Klopfen gegen den Boden hohl anhört. Brötchen auf einem Rost abkühlen lassen. Innen sind sie jetzt weich und locker, außen haben sie eine krosse Kruste. Zum Servieren die Brötchen schichtweise mit Auberginen, Mozzarella und Basilikum füllen und nach Geschmack würzen.

GESCHMORTE AUBERGINEN MIT HACKBÄLLCHEN

FÜR 4 PERSONEN/ERGIBT 18 FLEISCHBÄLLCHEN

Ich empfehle als Beilage eine kleine Portion Polenta, Reis oder Kartoffelpüree sowie nach Belieben einen einfachen Blattsalat.

Hackfleischbällchen

550 g Rinderhack

1 Ei

½ rote Zwiebel, fein gewürfelt

3 Knoblauchzehen, zerdrückt

feines Meersalz und frisch gemahlener schwarzer Pfeffer

5 Zweige Thymian, Blätter abgezupft

5 Stängel Oregano, Blätter abgezupft und gehackt

2 EL kleine Kapern, abgespült und gehackt

8–12 Sardellen, gehackt

50 ml Olivenöl

1 EL Balsamico-Essig

2 EL Maismehl (Polenta)

Schmorgemüse

1 große Aubergine (etwa 400 g), geachtelt

Salz

100 ml Olivenöl

1 große rote Zwiebel, fein geschnitten

200 g Kirschtomaten, halbiert

1 EL Zucker

100 ml Rotweinessig

1 Dose (à 400 g) stückige Tomaten

1 große Handvoll Basilikum, gehackt

fein geriebener Parmesan zum Servieren

Für die Hackfleischbällchen alle Zutaten bis auf die Polenta in eine große Schüssel geben und die Zutaten mit den Händen kräftig vermengen. Anschließend die Polenta unterarbeiten. Jeweils etwa 35–40 g von der Hackmasse abnehmen und kleine Bällchen daraus formen. Die Hackbällchen auf ein Blech legen.

Auberginenspalten großzügig mit Salz bestreuen und 5 Minuten Saft ziehen lassen, dann mit Küchenpapier trocken tupfen. Die Hälfte des Olivenöls bei mittlerer Hitze in einem großen Topf oder Bräter erhitzen. Die Hälfte der Fleischbällchen hineingeben und von jeder Seite etwa 30 Sekunden anbraten. Herausnehmen und auf einen Teller legen. Mit den restlichen Fleischbällchen ebenso verfahren.

25 ml Olivenöl in denselben Topf geben und die Hälfte der Auberginen darin anbraten. Herausnehmen und auf einen Teller legen. Mit dem Rest des Olivenöls die restlichen Auberginen anbraten und ebenfalls herausnehmen. Die Hitze sollte dabei die ganze Zeit konstant bleiben.

Zwiebel in den gleichen Topf geben und etwas anschwitzen, bis sie weich ist. Kirschtomaten zugeben und etwa 4 Minuten mitdünsten. Zucker zugeben und mit dem Rotweinessig ablöschen.

Die Tomaten aus der Dose und 200 ml Wasser hinzufügen und das Ganze aufkochen lassen. Auberginen zugeben und zugedeckt bei schwacher Hitze 10–12 Minuten köcheln lassen.

Dann die Fleischbällchen zufügen und vorsichtig in die Sauce rühren. Bei schwacher Hitze weitere 10 Minuten köcheln lassen. Basilikum und Parmesan darüberstreuen und im Topf mit einer großen Schöpfkelle servieren.

AUBERGINENRAGOUT

Die hier verwendeten Gewürze sind die idealen Begleiter der Aubergine. Ich verwende dieses Rezept als Grundlage für alles Mögliche, aber als Sauce zu Pasta oder als Beilage zu Hähnchen und Lamm sollten Sie es unbedingt einmal ausprobieren.

2 Auberginen, in 2–3 cm große Würfel geschnitten

2 EL Salz

250 ml Olivenöl

2 rote Zwiebeln, fein geschnitten

1 Knoblauchzehe, zerdrückt

1 TL Kreuzkümmelsamen

½ TL gemahlene Kurkuma

½ TL edelsüßes Paprikapulver

1 Prise Cayennepfeffer

2 Tomaten, gehäutet und gewürfelt

1 EL Zucker

Saft von 1 Zitrone

2 EL gehackte glatte Petersilie

Die Auberginen in eine Schüssel legen, mit Salz bestreuen und 20 Minuten Saft ziehen lassen. Dann abspülen und mit Küchenpapier trocken tupfen. Eine große Pfanne bei mittlerer Temperatur erhitzen, die Hälfte des Olivenöls hineingeben, dann die Auberginen darin von allen Seiten goldbraun braten. Aus der Pfanne nehmen und beiseitestellen. Unter Umständen – das hängt von der Größe der Pfanne ab – die Auberginen portionsweise braten.

Die Pfanne säubern, dann wieder bei schwacher Hitze auf den Herd stellen. Im restlichen Olivenöl Zwiebeln und Knoblauch anschwitzen. Gewürze zugeben und 3 Minuten mitrösten. Auberginen, Tomaten, Zucker, Zitronensaft und 175 ml Wasser zugeben und 5–7 Minuten köcheln lassen. Dann die Pfanne vom Herd nehmen, ggf. nachwürzen und die Petersilie einrühren. Sofort servieren. Oder, falls Sie vorkochen wollen: Im Kühlschrank hält sich das Auberginenragout bis zu 4 Tage.

VITAMIN C

EINE ALTE PFLANZE VON DER MITTELMEERKÜSTE -
BEI DEN RÖMERN ALS NAHRUNG UND MEDIZIN VERBREITET.

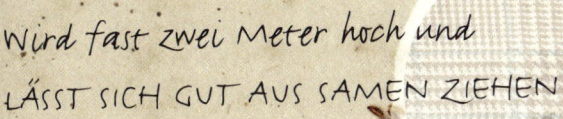

Wird fast zwei Meter hoch und
LÄSST SICH GUT AUS SAMEN ZIEHEN

Das Anisaroma rührt von
ätherischen Ölen wie
dem Anethol her.

FENCHEL

Gehört zur Familie der Petersilie

FENCHEL

Wie Koriander und Rote Bete ist auch Fenchel ein wahres Allroundtalent. Alle Teile der Pflanze können verwendet werden: von den Samen über das Fenchelkraut bis zur Knolle selbst.

WILDE SCHÖNHEIT

Ich würde Fenchel nicht als Allerweltsgemüse bezeichnen – weil er nämlich nicht überall auf der Welt wächst. Doch er hat viele europäische Grenzen überschritten. Für mich ist er ein durch und durch europäisches Gemüse. In kälteren Gefilden werden Fenchelsamen oft als Heilmittel eingesetzt, aber auch zum Schmoren und bei der Zubereitung von Wurst. Der Florentiner Fenchel ist am weitesten verbreitet. Er ist eine sehr hübsche und dekorative Pflanze, die oft sogar nur der Zierde halber angebaut wird.

Fenchel wächst fast überall um Sie herum, auch wenn Sie das vielleicht noch nicht bemerkt haben. Wenn Sie das nächste Mal unterwegs sind, halten Sie doch einmal Ausschau nach ihm. Er wächst auf Brachland, steinigen Untergründen und an Straßenrändern. Die Pflanzen können sehr hoch werden (schulterhoch, wenn man sie lässt) und haben schöne, kleine gelbe Blüten. Auch die sind essbar und schmecken so ähnlich wie die Blüten von Engelwurz (Angelica). Die Knolle des wilden Fenchels jedoch ist meist faserig und damit nicht essbar. Ich würde den Verzehr zumindest nicht empfehlen.

VERWENDUNG

Jahrtausendelang wurde Fenchel angebaut und meist als Heilkraut verwendet. Vielleicht hat der Fenchel sogar etwas damit zu tun, wie der Mensch zum Feuer kam. Der griechischen Mythologie nach soll Prometheus, ein Titan, von Zeus, dem Göttervater, das Feuer gestohlen und es in einer Fenchelknolle versteckt haben, um es den Menschen zu schenken. Plinius der Ältere, der antike römische Geschichtsschreiber, erörtert in seiner Enzyklopädie Naturalis Historia die Verwendung des Fenchels. Er listet etwa zwanzig Erkrankungen auf, bei denen man Fenchel eine lindernde Wirkung zuschrieb. In der Tat wird Fenchel seit Jahrhunderten zur Verdauungsförderung, als Appetitzügler und zur Unterstützung bei der Gewichtsabnahme eingesetzt. Aus zerdrückten Samen oder zerkleinerten Blättern, die man mit heißem Wasser überbrüht, wird ein schöner Tee, und genau in dieser Form fördern die Inhaltsstoffe des Fenchels auch die Verdauung. An Fastentagen oder während langer Kirchenpredigten kauten Menschen Fenchelsamen, um den hungrigen Magen zu beruhigen.

ANBAU

Für mich ist es ziemlich ungewohnt, Fenchel anzubauen. Als ich kürzlich in Italien war, sah ich ein riesiges grünes Feld und dachte, es sei Marschland. Doch bei näherem Hinsehen stellte ich fest, dass es sich um ein Fenchelfeld handelte. All das Fenchelkraut bewegte sich sanft im Wind und sah wie ein grüner Nebel aus – ein prächtiger Anblick.

ZUBEREITUNG

Fenchel ist roh genauso köstlich wie gekocht und er hat eine herrlich frische Anis- und Menthol-schärfe. Er schmeckt nach Lakritze und Anis, aber dann auch wieder anders, sehr viel zarter. Zu allen schweren Gerichten passt der Fenchel gut, weil er sie leichter macht und ausbalanciert. Lang-sam gegarte oder geschmorte Fleischgerichte, die sehr fett sind, wie etwa Schweinebauch, Lammschulter oder -nacken oder geschmorter Nacken vom Zicklein (siehe Seite 154), brauchen klare Aromen, wie sie der Fenchel hat, um das Fett bekömmlicher zu machen. Sie können das Fenchelaroma noch zusätzlich betonen, wenn Sie einen Schuss Pernod hinzugeben. Der bekannte französische Aperitif wird aus Sternanis und Fenchelextrakt hergestellt.

Fenchel passt ebenso hervorragend zu Fisch. Seine krautigen Anisnoten harmonieren wun-derbar mit Fisch, und er ist die klassische Zutat für die Escabeche (siehe Seite 153). Die Escabeche ist ein traditionelles Gericht, das im gesamten Mittelmeerraum verbreitet ist: Gebratenes (manchmal auch pochiertes) Fischfilet wird dafür mit Essig, Zitrone oder Wein, Gemüse und Gewürzen mariniert. Es schmeckt fantastisch und ich kann es nicht oft genug sagen: Fenchel und Fisch gehören einfach zusammen.

In Italien liebt man den Fenchel so sehr, dass er in nahezu allem – vom Amuse-Gueule bis zum Dessert – Verwendung findet. Wenn Sie noch nie gesüßten Fenchel gegessen haben, sollten Sie unbedingt meinen Geeisten Fenchel mit Vanillesirup (siehe Seite 157) probieren. Vielleicht finden Sie die Kombination etwas seltsam, aber vertrauen Sie mir – als kleiner erfrischender Zwischengang in einem Menü ist sie unglaublich! In Indien kaut man übrigens nach dem Essen gern Fenchelsamen. Das erfrischt den Atem und regt die Verdauung an. Gibt es eigentlich irgendetwas, das Fenchel nicht kann? Sie können alles an ihm essen, von der Wurzel bis zur Spitze. Verwen-den Sie ihn in süßen wie in herzhaften Speisen, reichen Sie ihn zu Fleisch oder Fisch: Fenchel ist wirklich köstlich.

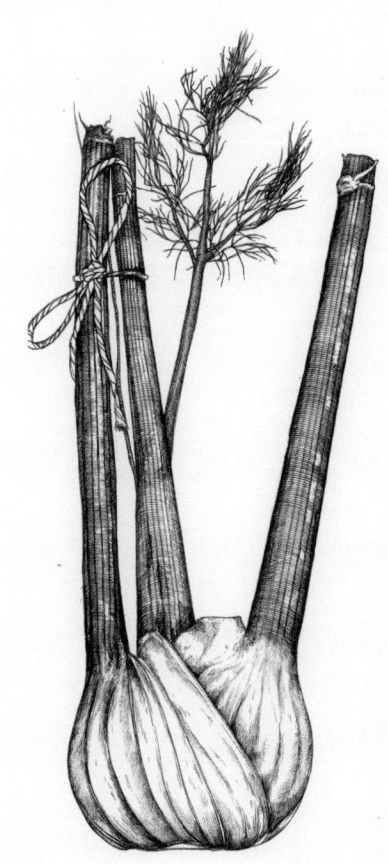

GEBACKENER FENCHEL MIT ODER OHNE SARDELLEN

FÜR 4 PERSONEN

Eine perfekte Beilage zu allem. Sie können die Sardellen weglassen, wenn Sie die nicht so mögen, allerdings sorgen sie für eine schöne Balance der Aromen.

100 g frisches Ciabattabrot, fein gewürfelt	3 EL gehackte glatte Petersilie
100 ml Olivenöl	12–16 Sardellen (nach Belieben)
2 große Fenchelknollen	Meersalz und frisch gemahlener schwarzer Pfeffer
20 g Butter	
3 EL gehackter Thymian	

Den Backofen auf 200 °C vorheizen. Ein Backblech mit Backpapier auslegen. Die Ciabattawürfel darauf verteilen und 3 TL Olivenöl darüberträufeln. In 8 Minuten im Ofen leicht knusprig backen. Brotwürfel herausnehmen und beiseitestellen.

Die Fenchelknollen von der Spitze bis zur Wurzel einmal durchschneiden, dann jede Hälfte in vier Spalten schneiden. Eine Pfanne bei hoher Temperatur erhitzen, dann 50 ml Olivenöl hineingeben. Die Fenchelstücke darin von einer Seite bräunen. 75 ml Wasser und Butter hinzufügen und 3 Minuten köcheln lassen, bis die Flüssigkeit um die Hälfte reduziert ist. Den Inhalt der Pfanne in eine Auflaufform (etwa 22 × 15 cm) geben, mit den Kräutern bestreuen und ggf. mit den Sardellen belegen. Die Ciabattawürfel darauf verteilen, mit dem restlichen Olivenöl beträufeln und mit Salz und Pfeffer würzen. Etwa 25 Minuten im Ofen backen. Der Fenchel ist gar, wenn man leicht mit einer Gabel hineinstechen kann.

GEBEIZTER FENCHELLACHS MIT ESCABECHE

FÜR 4–6 PERSONEN ALS VORSPEISE

Das ist eines meiner langjährigen Lieblingsgerichte. Statt mit Lachs können Sie das Rezept auch mit einem anderen fetten Fisch zubereiten, z. B. mit Makrele oder Sardinen. Dann variiert allerdings die Marinierzeit. Ich bereite die angegebene Menge für zwei Personen zu, dann kann ich ein paar Tage lang immer wieder davon essen.

Räucherlachs

1 Lachsseite mit Haut à 1 kg

70 g grobes Meersalz oder Fleur de Sel

60 g Zucker

2 TL Fenchelsamen, geröstet und grob zerstoßen

80 g Fenchel, Kraut beiseitegelegt, Knolle mit einem Hackmesser zerquetscht

fein geriebene Schale von 1 Bio-Zitrone

Escabeche

4 Schalotten, fein geschnitten

4 kleine Möhren, in dünne Scheibchen geschnitten

1 Fenchelknolle, Knolle in Streifen gehobelt, Kraut beiseitegelegt

3 Knoblauchzehen, fein gehackt

1 gute Prise feines Meersalz

frisch gemahlener weißer Pfeffer (nach Geschmack)

2 TL Koriandersamen, geröstet und grob zerstoßen

100 ml Rotweinessig

300 ml bestes Olivenöl

300 ml guter trockener Weißwein (z. B. Riesling)

2 EL fein gehackte gemischte Kräuter (Dill, Petersilie, Kerbel)

Meerrettichsahne (siehe Seite 180) zum Servieren

Für die Escabeche Gemüse, Salz, Pfeffer und Koriander in eine große hitzefeste Schüssel geben, mischen und 5 Minuten ziehen lassen. Essig, Öl und Wein in einen Topf geben und aufkochen. Vom Herd nehmen, über das Gemüse gießen und abkühlen lassen. Für den gebeizten Lachs den Fisch mit der Haut nach unten in eine 3 cm tiefe Schale legen. Die restlichen Zutaten plus Fenchelkraut mischen, auf dem Lachs verteilen und fest andrücken. Den Lachs mit Frischhaltefolie bedeckt 12 Stunden im Kühlschrank ziehen lassen. Dann die Beize abspülen und den Lachs mit Küchenpapier trocken tupfen. Mit der Haut nach unten auf ein Hackbrett legen und in 2 mm dicke Scheiben schneiden, dabei nicht durch die Haut schneiden. Das Fleisch sollte sich leicht von der Haut lösen lassen. Die Lachsscheiben auf einem Teller anrichten. Kräuter unter das Gemüse rühren, dieses auf dem Fisch verteilen und mit Meerrettichsahne reichen.

FENCHEL-MOZZARELLA-SALAT MIT GESCHMORTEM NACKEN VOM ZICKLEIN

FÜR 4–6 PERSONEN

Ein toller Salat – genau richtig, um fette Speisen mit würziger Frische zu kontrastieren.
Das süß-sauer geschmorte Zicklein ist aber auch ein Knaller – probieren Sie dazu Polenta
oder gekochte grüne Bohnen.

Zicklein

30 ml Olivenöl

2 Zicklein-Nacken (1,2–1,4 kg)

1 Möhre, geschält und geviertelt

1 Zwiebel, geviertelt

2 Stangen Sellerie, jeweils gedrittelt

5 Knoblauchzehen, grob gehackt

3 Zweige Thymian

je 1 TL geräuchertes Paprikapulver, gemahlener Kreuzkümmel, gemahlener Zimt, gemahlener Koriander

1 Msp. gemahlener Kardamom

300 ml Apfelessig

100 g Demerarazucker

1 Dose (à 400 g) ganze geschälte Tomaten

30 g feines Meersalz

Fenchelsalat

1 große oder 2 kleine Fenchelknollen, dünn gehobelt

2 Kugeln Büffelmozzarella, gewürfelt

½ Bund glatte Petersilie, Blätter abgezupft und grob gehackt

3 EL gehackte Mandeln

Meersalz und frisch gemahlener Pfeffer

Zitronendressing (siehe Seite 289)

Für die Zickleinnacken das Olivenöl bei hoher Temperatur in einem Schmortopf (3 l Fassungsvermögen) erhitzen. Fleischstücke darin von allen Seiten braun anbraten. Fleisch herausnehmen. Bei mittlerer Hitze Möhre, Zwiebel, Sellerie und Knoblauch im Topf Farbe annehmen lassen. Thymian und Gewürze zugeben und 3 Minuten weiterbraten. Essig und Zucker zufügen und die Flüssigkeit um die Hälfte einkochen lassen. Fleisch und Tomaten in den Topf geben, salzen und so viel Wasser zugießen, dass das Fleisch bedeckt ist. Aufkochen lassen, Fleisch zugedeckt in 3 Stunden gar schmoren.

Ist das Fleisch gar, die Zickleinnacken aus dem Topf nehmen, Fleisch von den Knochen lösen und warm halten. Die Sauce durch ein Sieb abseihen, Gemüse wegwerfen. Das entbeinte Fleisch zur Sauce geben.

Die Salatzutaten mischen, dabei etwas Mozzarella, Petersilie und Mandeln für die Garnitur aufheben. Den Salat mit Dressing überziehen, mischen und mit den zurückgelegten Zutaten garnieren. Dazu das Zicklein servieren.

GEEISTER FENCHEL MIT VANILLESIRUP

FÜR SO VIELE GÄSTE, WIE SIE WOLLEN

Irgendwie ist in den letzten zehn Jahren in den Restaurants die Sitte verloren gegangen, einen Zwischengang vor oder nach dem Hauptgericht zu servieren – kleine, leichte »Gaumenputzer« in Form eines Sorbets, Salats oder einer erfrischend kalten, klaren Tomatensuppe. Dieses Rezept eignet sich gut als Zwischengang, aber auch als Garnitur für ein Schokoladendessert.

170 g Zucker

½ Vanilleschote, aufgeschlitzt, das Mark herausgekratzt

1 mittelgroße Fenchelknolle

Für den Vanillesirup Zucker, Vanilleschote und Vanillemark in einen Topf geben. 150 ml Wasser zugießen und bei mittlerer Hitze aufkochen lassen. In ein Gefäß gießen und in den Kühlschrank stellen.

Ein Backblech, das ins Tiefkühlfach oder in den Gefrierschrank passt, mit Backpapier belegen. Mit einem Gemüsehobel die Fenchelknolle von unten nach oben fein hobeln, um ein schönes Schnittbild vom Fenchel zu erhalten. Den Sirup aus dem Kühlschrank nehmen und die Fenchelscheiben eintauchen. Herausnehmen, überschüssigen Sirup abtropfen lassen und die Fenchelscheiben nebeneinander auf das Blech legen. Die erste Fenchelschicht mit einem Stück Backpapier belegen, eine zweite Schicht darauflegen. Das Blech 2 Stunden in den Gefrierschrank oder ins Tiefkühlfach stellen.

Wenn es so weit ist, den Fenchel herausnehmen, anrichten und sofort servieren. Der Fenchel sollte kalt und knackig sein, würzig nach Anis und süß nach Vanille schmecken.

VOLKSGLAUBEN

Hält alles fern ~ von der
Erkältung bis zur Pest.

Wurde als Nahrungsmittel und Arznei
schon vor Tausenden von Jahren kultiviert –
stammt vermutlich aus den Bergen Zentralasiens.

KNOBLAUCH

GEHÖRT ZUR FAMILIE
DER LAUCHGEWÄCHSE.

(ALLIUM SATIVUM)

KNOBLAUCH

Der Knoblauch hat den wahrscheinlich schlechtesten Ruf aller Nahrungsmittel, die ich kenne. Wahrscheinlich rührt das daher, dass er zu oft lieblos und schlecht zubereitet wurde.

ANTIBIOTIKUM AUS DER NATUR

Seit Tausenden von Jahren nutzen Menschen Knoblauch in der Küche und als Heilmittel. Wegen seines ausgeprägten Geschmacks und seiner antibiotischen Eigenschaften wurde er viel gepriesen. Dem islamischen Mythos zufolge soll die Knoblauchpflanze aus Satans linkem Fußabdruck entsprungen sein, als dieser aus dem Paradies vertrieben wurde. Die alten Ägypter glaubten an seine Kraft und gaben ihn deshalb ihren Toten mit ins Grab. Weltweit kreisen Mythen um diese Knolle und je nachdem, wem man glaubt, stammt der Knoblauch aus Asien, dem Mittelmeerraum oder Afrika. Wahrscheinlich streiten die Menschen deshalb so über seine Herkunft, weil er in fast jeder Küche weltweit eine wichtige Rolle spielt. Was wäre denn eine Wokpfanne oder eine Bolognese oder auch ein Curry ohne Knoblauch?

BESTE QUALITÄT KAUFEN

Er ist in nahezu jeder Form erhältlich: frisch, gefriergetrocknet, als Paste, Pulver und in Flocken (aber kaufen Sie bloß keinen gehackten Knoblauch im Glas!). Ich habe da eine einfache Faustregel: Kaufen Sie den besten Knoblauch, den es gibt. Und sparen Sie nicht am falschen Ende. Wenn bei einem Händler die Knolle 50 Cent kostet, anderswo aber zwei Euro – nehmen Sie die für zwei Euro. Sie brauchen ja nur eine Knolle, und auch wenn Sie täglich mit Knoblauch kochen, reicht diese für eine Woche. Einige Cent mehr lohnen sich, Geschmack und Qualität werden Sie überzeugen. Knoblauch hält sich übrigens, an einem kühlen Ort gelagert, bis zu vier Monate.

ANBAU

Die wenigsten kommen auf die Idee, Knoblauch selbst anzubauen. Dabei ist es ganz leicht. In den letzten beiden Jahren habe ich viel von anderen über die Techniken des Knoblauchanbaus erfahren, deshalb habe ich mir gedacht, ich versuche es auch einmal. Es ist fantastisch. Stecken Sie eine Knoblauchzehe in die Erde – und fast wie ein Wunder erscheint ein grüner Spross. In den folgenden sechs Monaten wird dieser eine schöne violette, blaue oder weiße Blüte hervorbringen, das hängt ganz von der Knoblauchsorte ab. Dann stirbt der Spross ab. Das ist das Zeichen, dass Sie tiefer buddeln sollten, denn dann werden Sie eine neue Knolle entdecken. Mitten aus dieser Knolle wächst ein kleiner Spross. Bewahren Sie diesen an einem kühlen dunklen Ort auf, bis er vertrocknet ist. Dann pflanzen Sie ihn wieder ein, und aus einer einzigen Zehe wird eine weitere Knolle wachsen.

Wenn Sie Knoblauch aussäen (die Samen können Sie aus den Blüten nehmen), wird interessanterweise immer nur eine einzehige Monozwiebel wachsen. Ganz genau so ist es bei dem begehrten süßen Knoblauch. Wenn Sie Ihren Knoblauch selbst anbauen, werden Sie unterschiedliche Formen und Größen erhalten. Umso mehr erstaunt es mich, wie Bio-Erzeuger es schaffen, ständig einheitlich schöne Knollen und Zehen zu produzieren.

In meiner Jugend in England habe ich rund um die Bäche meiner Heimat wilden Knoblauch gepflückt. Zweimal im Jahr blüht er, doch am kräftigsten ist er im Frühjahr. Ich erinnere mich daran, dass immer, wenn ich mit dem Hund unterwegs war oder mit meiner Schwester ausritt, der Geruch des süßen Knoblauchs in der Luft hing. Die schönen grünen Stängel kann man einfach abpflücken und hineinbeißen. Ihr Geschmack ist frisch, mild und angenehm.

SORTEN

Es gibt rund 600 kultivierte Sorten, wenngleich wir im Supermarkt natürlich kaum etwas davon zu sehen kriegen. Wenn Sie mal einige andere Knollen probieren möchten, rate ich Ihnen, zu einem Bio-Erzeuger oder in einen Hofladen zu gehen. Dort gibt es meistens ein paar Sorten mehr. In der Regel werden die Sorten nach ihrem Herkunftsort benannt. So gibt es den weiß-lila gestreiften Chesnok (Ukraine), den französischen Early Purple White, den spanischen Morado, den russischen Riesen etc. Wenn Sie Knoblauch kochen, sollten Sie sich über die unterschiedlichen Sorten und deren Geschmack klar sein. Denn die Aromen reichen von erdig-haselnussig bis zu richtig süß. Einige schmecken auch nach Essig. Ja, manches Mal erinnert Knoblauch sogar an Ingwer und Galgant.

ZUBEREITUNG UND KOCHEN

Frischer Knoblauch sollte mild sein. Um festzustellen, ob der Knoblauch frisch ist, schneiden Sie eine Zehe durch, und wenn sich im Innern ein grüner Spross befindet, heißt das: Er ist schon älter (und reif, um wieder in die Erde gesteckt zu werden). Sie können die Zehe noch zum Kochen verwenden, allerdings sollten Sie den grünen Spross entfernen, er ist schwer verdaulich und hat überdies ein unangenehmes, beißendes Aroma. Riecht der Knoblauch sehr stark und klebt er schon ein wenig an den Fingern, wenn Sie ihn schälen, sollten Sie ihn blanchieren, um einige der enthaltenen Öle »herauszuwaschen«. Kochen Sie dazu die ganzen geschälten Zehen (oder halbierten, wenn der grüne Spross entfernt werden musste) in einem Topf mit kaltem Wasser und einer Prise Salz auf. Gießen Sie das Wasser ab und wiederholen Sie das Ganze mehrmals mit frischem kaltem Wasser, um die unangenehmen Öle loszuwerden.

Knoblauch sollte gegart werden. Wenn Sie ihn roh verwenden oder ihn erst im letzten Moment zufügen, nutzen Sie sein Süße- und Geschmackspotenzial nicht voll aus. Mir ist zu Ohren gekommen, dass einige Küchenchefs das Rösten oder Anbraten von Knoblauch ablehnen – ich aber liebe knusprig gerösteten braunen Knoblauch. Vor allem zu Pasta mit frischen Sardellen, Tomaten und Kräutern.

Knoblauch macht sich gut, wenn man ihn schmort, etwa in einem Rindsgulasch. Halbieren Sie die Zehen, damit der Knoblauch das Fleischaroma annehmen kann.

Und dann gibt es natürlich die Sorge, die wohl jeden umtreibt: hinterher nach Knoblauch zu riechen. Es gilt einfach, das rechte Maß zu finden.

BAGNA CAUDA MIT GEMÜSE

FÜR 2 PERSONEN (ODER FÜR 8 ALS SNACK ODER KLEINE VORSPEISE)

Kürzlich war ich im Piemont und lernte diesen wundervollen Dip namens Bagna cauda kennen, zu dem man rohe oder gegarte Gemüsestückchen isst. Bagna cauda ist eine warme Sauce aus Knoblauch und Sardellen, die nicht nur ausgezeichnet zu Hähnchen und Wildgeflügel passt, sondern auch als Brotaufstrich mit etwas Salat und warmem Rindfleisch herrlich schmeckt.

Bagna cauda

15 große Knoblauchzehen, geviertelt

150 ml Milch

100 ml bestes Olivenöl

50 ml guter Weißweinessig

1 große rote Chilischote, Samen entfernt und in feine Streifen geschnitten

1 TL Zucker

10 Sardellenfilets

feines Meersalz

Gemüse

(Das klassische Piemonteser Rezept verwendet gekochte Artischocke und rote Paprikaschote, ich nehme am liebsten die folgenden Zutaten:)

dünn geschnittene Topinambur

halbierte Radieschen

Romanasalatblätter und -herzen

Radicchioblätter

Chicoréeblätter

Rettichstücke

Kohlblätter

Geröstete Paprika (siehe Seite 87)

Geröstete Rote Bete (siehe Seite 46)

Selleriesticks

knuspriges Brot

Für die Bagna cauda Knoblauch und Milch in einen Topf geben und aufkochen. Dann bei schwacher Hitze 10–15 Minuten köcheln lassen, bis der Knoblauch weich ist. Abseihen, die Milch dabei weggießen. Den Knoblauch mit klarem Wasser spülen und mit Küchenpapier trocken tupfen. Dann den Topf säubern und den Knoblauch wieder hineingeben. Olivenöl zugießen und den Knoblauch bei schwacher Hitze 40–50 Minuten im Öl garen. Er sollte am Ende leicht gebräunt sein, jedoch nicht ansetzen. Essig, Chilischote und Zucker zugeben und etwa 15 Minuten köcheln lassen. Sardellenfilets hinzufügen und weitere 4–5 Minuten köcheln lassen. Topf vom Herd nehmen und mit einer Gabel die Zutaten zerdrücken. Abschmecken und, wenn nötig, nachwürzen. Bagna cauda warm mit dem Gemüse servieren.

PÜREE AUS GRÜNEM KNOBLAUCH MIT POCHIERTEM EI UND GEGRILLTER OCHSENZUNGE

FÜR 4 PERSONEN ALS VORSPEISE

Grüner Knoblauch ist unreifer Knoblauch und sieht so aus wie Frühlingszwiebeln. Sie können das Grün und den knolligen Teil verwenden. Auch wenn Sie vor der Ochsenzunge zurückschrecken – ich mag sie und jeder gute Fleischer sollte sie vorrätig haben.

Knoblauchpüree

500 ml Milch

150 g grüner Knoblauch + etwas Knoblauchgrün, gehackt

100 g mehligkochende Kartoffeln, geschält und in Scheiben geschnitten

grobes Meersalz oder Fleur de Sel

Saft von 1 Zitrone

3 TL Weißweinessig

4 Eier

8 Scheiben eingelegte Ochsenzunge

3 Stängel glatte Petersilie, Blätter abgezupft und gehackt

Für das Püree die Milch in einem Topf (1,5 l Fassungsvermögen) aufkochen lassen. Die ganze Zeit rühren, damit die Milch nicht ansetzt. Knoblauch und Kartoffeln zugeben und in etwa 15 Minuten weich garen. Durch ein Sieb abseihen, die Kochflüssigkeit dabei auffangen. Die festen Bestandteile in eine Küchenmaschine geben, etwas von der Kochflüssigkeit zugeben und pürieren. Die Mischung sollte eine breiige bis zähflüssige Konsistenz haben. Mit Salz und Zitronensaft abschmecken und das fein gehackte Knoblauchgrün untermengen.

Für die pochierten Eier 1 Liter Wasser mit dem Essig in einem Topf (2 l Fassungsvermögen) zum Kochen bringen, dann die Temperatur reduzieren. Das Wasser sollte nur leicht aufwallen. Jetzt das Wasser mit einem Kochlöffel gegen den Uhrzeigersinn rühren. Dann alle 4 Eier schnell nacheinander aufschlagen und ins bewegte Wasser lassen. 3–3½ Minuten pochieren, das Eiweiß sollte dann fest, das Eigelb noch ein bisschen flüssig sein. Mit einem Schaumlöffel herausnehmen, auf einem Küchentuch abtropfen lassen und … voilà: ihr perfektes pochiertes Ei ist fertig!

Eine Grillpfanne bei mittlerer Temperatur erhitzen und die Ochsenzunge von beiden Seiten braten.

Zum Servieren auf jeden Teller etwas vom Knoblauchpüree geben, jeweils eine Scheibe Ochsenzunge darauflegen, das pochierte Ei darauf anrichten und mit Petersilie bestreuen. Bei mir gab es eingelegte Schalotten dazu (siehe Seite 215).

GERÄUCHERTER KNOBLAUCH AUS DEM OFEN MIT BRATHÄHNCHEN

FÜR 4 PERSONEN

Meine Freunde Meg und Blakey besitzen eine Farm in den Grampians in Victoria und sie machen einen wunderbaren geräucherten Knoblauch, den sie auf Bauernmärkten verkaufen. Er passt vorzüglich zu Brathähnchen und zählt für mich zu den Highlights der bodenständigen Küche.

4 kleine Bio-Knoblauchknollen

1–2 Handvoll Räucherchips (z. B. im Grillsortiment von Baumärkten erhältlich)

½ Bund Thymian

½ Bund Oregano

100 g Jasminreis

1 Hähnchen (etwa 1,8 kg) aus Freilandhaltung

100 ml Olivenöl

grobes Meersalz und frisch gemahlener schwarzer Pfeffer

Den Backofen auf 250 °C vorheizen und zwei Roste hineinschieben.

Die Knoblauchknollen etwa 5 Minuten in Wasser einweichen. Auf diese Weise können sie das Räucheraroma besser aufnehmen und verbrennen nicht so schnell.

Eine Bratform mit schwerem Boden oder einen gusseisernen Bräter (etwa 30 × 30 cm) mit Alufolie auslegen. Räucherchips, Kräuter und Reis hineingeben und bei niedriger Temperatur auf dem Herd erwärmen. Einen Gitterrost auf die Bratform mit der Räucherchipsmischung legen und die Knollen darauf rösten. Sobald die Chips eine bräunliche Farbe annehmen, Form mitsamt dem Knoblauch mit Alufolie abdecken und in den Ofen stellen.

Einen zweiten Bräter gleicher Größe bereitstellen. Das Hähnchen innen und außen gründlich waschen und trocken tupfen. Das Hähnchen in den Bräter legen, rundherum mit Olivenöl bestreichen und würzen. 25 Minuten im Backofen grillen, dann die Temperatur auf 180 °C reduzieren und weitere 20 Minuten backen. Hähnchen und Knoblauch aus dem Ofen nehmen. Das Hähnchen an der dicksten Stelle zwischen Schenkel und Körper aufschneiden. Treten klare Säfte aus, ist es gar. Das Hähnchen 15 Minuten ruhen lassen.

Das Hähnchen tranchieren und den geräucherten Knoblauch dazu servieren. Der Knoblauch sollte eine schöne dunkelbraune Farbe haben. Lassen Sie Ihre Gäste den Knoblauch aus der Schale löffeln. Es ist mal etwas ganz Besonderes, Knoblauch auf diese Weise zu essen. Ich reiche dazu einen einfachen Blattsalat (siehe Seite 186) oder ein anderes Gemüse der Saison.

Gedeiht sehr gut in einem tiefen Behälter oder einem alten Eimer in der Erde, das verhindert eine zu starke Ausbreitung der Wurzeln.

ERNTE
IM HERBST

Seit Menschengedenken wird Meerrettich gegessen.
Die alten Griechen glaubten an seine Fähigkeiten,
müde Muskeln wieder auf Trab zu bringen.

Kann über einen Meter hoch
werden. Japaner nennen ihn
den »Wasabi des Westens«.

MEERRETTICH

MEERRETTICH IST EINE UNGESTÜM
WACHSENDE PFLANZE, DIE SCHNELL
DEN GANZEN GARTEN EROBERT.

MEERRETTICH

Der Meerrettich trägt einen beachtlichen Aromencocktail in sich. Und obwohl seine Heimat in Mitteleuropa liegt, ist er für mich ein urbritisches Gemüse. Manche meinen, er sei gar kein Gemüse, sondern eher ein Gewürz. Egal, ich mag ihn und finde, er rundet einfach alles ab.

MEER ODER MÄHRE?

Die Herkunft des Namens »Meerrettich« ist umstritten. Nach einer Auffassung ist es »der über das Meer zu uns gekommene Rettich«. Denn der Meerrettich wuchs unweit der Meeresküsten. Volksetymologisch lässt sich der Name aber auch von »Mähre«, dem alten Wort für Stute, ableiten. Dazu passt, dass die Engländer ihren scharfen Rettich »horseradish« (»Pferderettich«) nennen.

Seit Menschengedenken wird der Meerrettich in der Küche genutzt. Die alten Griechen glaubten, er mache müde Muskeln wieder munter, und beim Passahmahl der Juden spielt er seit jeher eine wichtige Rolle: Er gehört zu den »fünf bitteren Kräutern«, die an diesem heiligen Tag neben Koriander, Römersalat, Andorn und Nesseln gegessen werden müssen. Japaner nennen ihn den »Wasabi des Westens«, und da liegen sie gar nicht so falsch. Denn Meerrettich ist tatsächlich verwandt mit dem Wasabi und dem Senf, und die Senföle sind es auch, die ihm seinen scharfen »Biss« verleihen, den die einen lieben und die anderen hassen.

MEERRETTICH PASST IMMER

Der Traumpartner für den Meerrettich ist Rindfleisch – Rindfleisch ohne Meerrettich ist wie Romeo ohne Julia. Die beiden sind einfach füreinander geschaffen. Zu anderen Fleischsorten passt er nicht so gut, auch wenn er jeder Bratensauce den letzten Pfiff geben kann. Fisch und Gemüse wiederum lassen den Meerrettich zur Höchstform auflaufen. Er passt zur Pastinake, beide haben denselben Senfgeschmack. In Russland und im sonstigen Osteuropa wird er traditionell zu Rote Bete gereicht, und er unterstreicht die natürliche Süße von Rüben und Möhren. Meiner Meinung nach ist er ein idealer und oft unterschätzter Begleiter vieler Gemüsesorten. In Skandinavien findet er Verwendung beim Beizen von Lachs und Kabeljau, und auch sonst harmoniert er mit jedem gebeizten Fisch. Zu all dem ist Meerrettichsahne oder frisch über den Teller geriebener Meerrettich einfach fantastisch.

Seine Blätter werden in der Küche gern übersehen. Aber sie können wie Senfblätter verwendet werden. Keine Angst – die Blätter schmecken gar nicht so scharf, wie Sie vielleicht denken. Braten

Sie sie kurz an und servieren Sie sie als Beilage. Oder runden Sie damit asiatische Gerichte ab.

ANBAU

Meerrettich ist wie Möhre, Rote Bete und Pastinake ein Wurzelgemüse, das ein sogenanntes Rhizom bildet, d.h. Wurzeln, die sich horizontal im Boden erstrecken. Wenn Sie die Pflanze aus dem Boden ziehen, brechen diese Wurzeln ab, bleiben im Boden, wachsen weiter und bringen möglicherweise neue Meerrettichpflanzen hervor. Ingwer und Topinambur wachsen genauso. Deswegen wird übrigens weltweit meist noch von Hand geerntet.

Frischen Meerrettich sollten Sie das ganze Jahr über bekommen, in der kalten Jahreszeit schmeckt er jedoch besser. Er ist kein großer Freund des Sommers und strampelt sich dann ein bisschen ab, um die Hitze zu überstehen. Während des Wachstums braucht er regelmäßig Wasser, auch wenn es sich beim Meerrettich um eine robuste Pflanze handelt. Wenn Sie Meerrettich selbst anbauen, sollte er, wenn Sie ernten wollen, schon die Größe einer kleinen Pastinake haben.

VERWENDUNG

In meinen Rezepten wird reichlich Meerrettich verwendet. Frischen Meerrettich schälen Sie zunächst mit einem Sparschäler (nur das kleine Stück, das Sie benötigen, nicht den ganzen, so bleibt er eine Woche frisch). Mit einer feinen Reibe wird er dann kurz vor der Verwendung gerieben. Dazu noch eine warnende Anmerkung: Ich empfehle, dabei Handschuhe zu tragen. Und eine Schutzbrille – ja, es darf sogar eine Taucherbrille sein. Sie kommen sich dann zwar etwas komisch vor, sparen sich aber dadurch unzählige Tränen. In einer meiner ersten Anstellungen im Londoner *Warren House* ließ mich Küchenchef Mike Taylor ein Kilo Meerrettich reiben. Das war zehnmal so schlimm wie Zwiebelschneiden. Mein Mund und meine Nasenlöcher brannten, die Tränen rannten mir in Strömen das Gesicht herunter. Ohne dass ich es wusste, sah er hinter einem Vorhang versteckt zu und lachte sich halb tot! Ich habe es geschafft, das ganze Kilo zu reiben, aber das war alles andere als angenehm.

Und noch ein Tipp: Wenn Sie feststellen, dass Sie es nicht schaffen werden, Ihre Meerrettichwurzel zu verbrauchen, bevor sie ihre Frische verliert, schneiden Sie sie in mehrere Stücke, wickeln Sie diese in Folie und frieren Sie sie ein. Dann haben Sie stets frischen Meerrettich zur Hand, wenn Sie ihn benötigen. Ansonsten habe ich auch nichts gegen einen guten vorgeriebenen Meerrettich aus dem Glas. Das widerspricht vielleicht dem, was ich an anderer Stelle gesagt habe, aber Sie müssen wissen, dass nur erstklassige Ware konserviert wird. Ich suche immer beste Qualität und besten Geschmack, und das kann manchmal auch die Version aus der Dose, dem Glas oder dem Tiefkühlregal sein. Lieber verwende ich etwas, das auf dem Höhepunkt der Saison geerntet wird, als frische Ware, die außerhalb oder am Rande der Saison angeboten wird (mehr dazu im Kapitel über Tomaten auf den Seiten 264–277). Wenn Sie Meerrettich aus dem Glas verwenden möchten, schauen Sie sich die Zutatenliste an und wählen Sie dann das Produkt mit den wenigsten Zutaten (z. B. nur Meerrettich, Essig, Salz und Zucker) und dem höchsten Gehalt an Meerrettich. Weitere Konservierungsmittel außer Essig und Zucker sollten nicht enthalten sein. Chemische Zusatzstoffe hat der Meerrettich nicht nötig.

Sie finden hier auch das Rezept Roastbeef mit Yorkshire-Pudding (siehe Seite 180) von meiner Großmutter und ich bestehe darauf, dass Sie die Meerrettichsahne dazu zubereiten!

MEERRETTICH-SELLERIE-SALAT MIT GEBEIZTEM RINDFLEISCH

FÜR 4 PERSONEN

Selleriesalat mit Mayonnaise – das kennen Sie wahrscheinlich irgendwoher. Hier wird die leicht erdige Schärfe des Meerrettichs mit der erdigen Süße des Selleries und der Frische des Apfels kombiniert. Heraus kommt ein faszinierendes Gericht, zu dem neben Rind auch Fisch und Geflügel passt.

Gebeiztes Rindfleisch

125 g grobes Meersalz

100 g Demerarazucker

½ TL Szechuanpfefferkörner

2 Pimentkörner

1 Sternanis

6 Wacholderbeeren

450 g Rumpsteakspitze, ohne Fett

Salat

1 Knollensellerie (etwa 450 g), geputzt und geschält

250 g Äpfel (etwa 4 kleine), z.B. frische Gala, geschält, Kerngehäuse entfernt

½ TL feines Meersalz

Saft von ½ Zitrone

1 Handvoll gehackte glatte Petersilie

100 g Mayonnaise

250 g frischer Meerrettich, geschält

Zum Servieren

gutes Olivenöl zum Beträufeln

3 EL gehackte Petersilie

kleine Kapuzinerkresseblätter (nach Belieben)

geröstetes Sauerteigbrot und Romescosauce (siehe Seite 87) nach Belieben

Für das Fleisch Salz, Zucker und Gewürze in einen Mörser geben und grob zerkleinern. Das Fleisch auf ein Brett legen, von allen Seiten mit der Mischung einreiben, dann abdecken und 2 Stunden in den Kühlschrank stellen. Herausnehmen, leicht abspülen und trocken tupfen. Eine Grill- oder Bratpfanne bei hoher Temperatur erhitzen. Das Fleisch darin von allen Seiten anbraten (ohne Öl!). Abkühlen lassen und herausnehmen, dann in sehr dünne Scheiben schneiden.

Für den Salat Sellerie und Äpfel mit dem Gemüsehobel erst in dünne Scheiben, dann in Streifen schneiden. Mit dem Salz mischen und 2 Minuten ziehen lassen. Zitronensaft, Petersilie und Mayonnaise unterrühren. Etwas Meerrettich dazureiben, den Rest zum Garnieren beiseitelegen. Salat auf einen Servierteller geben, Fleischscheiben darauflegen, mit Öl beträufeln und Petersilie und Kapuzinerkresse darauf verteilen.

MEERRETTICH-ESTRAGON-SENF

ERGIBT 3 GLÄSER À 300 ML

Manchmal ist das, was so kompliziert aussieht, ganz einfach. Unsere Supermarktregale sind bis unter den Rand voll mit Lebensmitteln, die selbst herzustellen scheinbar zu mühsam sind. Aus lauter Bequemlichkeit kaufen wir diese Dinge fertig. Senf ist ein herausragendes Beispiel. Noch vor einigen wenigen Jahren dachte ich: »Senf, o je, das hört sich schwer an!« Aber als ich dann ein Rezept für groben Senf ausprobierte, stellte ich fest, dass selbst gemachter Senf ganz einfach und schnell geht – und viel besser schmeckt als der gekaufte. Diese traditionellen Rezepte und Konservierungs- möglichkeiten sollten nicht in Vergessenheit geraten. Hier ist mein Rezept, von Meisterhand geprüft, denn ich habe den Senf unzählige Male hergestellt. Glauben Sie mir, Sie werden die Gläser im Supermarkt keines Blickes mehr würdigen.

340 g gelbe und braune Senfkörner	2 EL feines Meersalz
1 Bund Estragon, Blätter abgezupft und gehackt	375 ml Apfelessig
½ Tasse frisch geriebener Meerrettich	

210 g von den Senfkörnern in der Küchenmaschine zu einem feinen Pulver mahlen. In eine große Schüssel geben, die restlichen Senfkörner und 125 ml heißes Wasser zugeben und die Zutaten gut mischen. 5 Minu- ten ziehen lassen, dann die restlichen Zutaten unterrühren.

Den Senf in ein Porzellangefäß füllen, mit einem feuchten Küchenhandtuch abdecken und bei Zimmer- temperatur 2 Tage stehen lassen. Immer wieder ein bisschen umrühren, dann in Gläser mit Schraubdeckel füllen. Bis zum Verzehr 3 Wochen durchziehen lassen. Geöffnete Gläser halten sich im Kühlschrank bis zu 3 Monate, ungeöffnete Gläser mehrere Jahre.

MEERRETTICHWAFFELN

Einfach und doch verblüffend: Nehmen Sie die knusprigen kleinen Waffeln als Basis für Kanapees oder verwenden Sie sie, in Stücke gebrochen, wie Croûtons in einem Salat.

75 g Parmesan, fein gerieben

1 EL Mehl

2 TL Sesamsamen

50 g frischer Meerrettich, geschält und fein gerieben

1 TL gehackte Thymianblätter

frisch gemahlener weißer Pfeffer (nach Geschmack)

Den Backofen auf 170 °C vorheizen. Zwei Backbleche mit Öl einfetten und mit Backpapier auslegen.

Parmesan, Mehl, Sesam, Meerrettich, Thymian und Pfeffer in eine Schüssel geben und mischen.

Eine runde Ausstechform (7 cm Durchmesser) auf einem der Backbleche platzieren und die Mischung etwa 3 mm dick hineingeben. So fortfahren, bis die gesamte Masse verbraucht ist. Zwischen den Waffeln genügend Abstand lassen. Die Waffeln im Backofen 9-12 Minuten goldbraun backen (siehe Hinweis). Dann aus dem Ofen nehmen, auf einen Rost geben und abkühlen lassen.

In einem luftdichten Behälter aufbewahren, dabei zwischen die Waffelschichten Pergamentpapier legen. Sie halten sich 2 Tage.

Hinweis: Die außen auf dem Blech liegenden Waffeln werden höchstwahrscheinlich schneller braun. Daher sollten Sie das Blech nach 6-8 Minuten herausnehmen und die dunklen Waffeln schon abnehmen. Den Rest im Ofen fertig backen.

MEERRETTICHSAHNE MIT ROASTBEEF UND YORKSHIRE-PUDDING

FÜR 4–6 PERSONEN

Beim Yorkshire-Pudding handelt es sich gar nicht um Pudding, sondern um eine Art Gebäck, das in England zum traditionellen Sonntagsbraten als Beilage gereicht wird. Wie viel Meerrettich Sie für die Meerrettichsahne verwenden, überlasse ich Ihnen. Je mehr Sie nehmen, desto schärfer wird es.

Meerrettichsahne

250 g Crème fraîche

30 g Meerrettich, geschält und frisch gerieben

Saft von 1 Zitrone

feines Meersalz und frisch gemahlener schwarzer Pfeffer

Sahne zum Verdünnen

Roastbeef

25 ml Olivenöl

1,8 kg Roastbeef (Zwischenrippenstück vom Rind)

Meersalz und frisch gemahlener schwarzer Pfeffer

Yorkshire-Pudding

125 g Mehl, zweimal gesiebt

1 TL Backpulver

½ TL feines Meersalz

2 Eier

275 ml Milch

90 ml Schmalz oder Rinderfett (oder Pflanzenöl als leichtere Alternative)

Für die Meerrettichsahne alle Zutaten verrühren. Ist sie zu fest, etwas Sahne unterrühren. Ist sie zu flüssig, Meerrettichsahne in einen Kaffeefilter oder ein Musselintuch geben und einige Stunden im Kühlschrank abtropfen lassen. Backofen auf 200 °C vorheizen. Eine große Pfanne 1 Minute erhitzen, dann das Öl zugeben. Das Fleisch darin von allen Seiten etwa 8 Minuten anbraten. Fleisch auf einen Bratrost geben und von allen Seiten mit Salz und Pfeffer einreiben. Im Backofen 45–50 Minuten rosa (medium) braten, Bratensaft dabei in einer Fettpfanne oder auf einem Blech auffangen. Herausnehmen und die Garprobe machen. Dazu mit einem Metallspieß in die dickste Stelle des Bratens stechen, herausziehen und an der Unterlippe damit entlangstreifen. Es sollte sich warm, aber nicht zu heiß anfühlen. Braten mit Alufolie abdecken und 10 Minuten ruhen lassen. Vor dem Servieren in Scheiben schneiden. Für den Yorkshire-Pudding die Ofentemperatur ein wenig erhöhen (205 °C). Mehl, Backpulver und Salz in eine Schüssel geben und in der Mitte eine Vertiefung machen. Eier und Milch hineingeben und mit dem Mehl zu einem glatten Teig verarbeiten. 30 Minuten ruhen lassen. Eine Muffinform mit 6 Mulden fetten. In jede Mulde 3 TL Schmalz geben. Das Blech 15–20 Minuten in den 200 °C warmen Ofen stellen. Ist das Schmalz heiß, den Teig in die Vertiefungen füllen. 15 Minuten backen, dann die Temperatur auf 190 °C reduzieren und weitere 15 Minuten backen. Puddings aus der Form nehmen und servieren.

1 Die Meerrettichsahne vorbereiten. Das Fleisch rundherum mit Salz und Pfeffer einreiben und rosa (medium) garen.

2 Schmalz oder Öl in die Muffin-Ausbuchtungen geben und 15–20 Minuten in den Backofen stellen.

3 Ist das Fett heiß, den Teig bis knapp zum Rand einfüllen.

4 Rasch jede Ausbuchtung mit Teig füllen, die Backofentür dabei offen lassen, damit das Fett nicht abkühlt.

5 Puddings in 15 Minuten goldbraun backen.

6 Puddings aus der Form nehmen und sofort mit dem aufgeschnittenen Fleisch und Meerrettichsahne servieren.

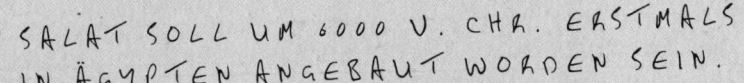

SALAT SOLL UM 6000 V. CHR. ERSTMALS
IN ÄGYPTEN ANGEBAUT WORDEN SEIN.

JE DUNKLER DAS
SALATBLATT, DESTO
MEHR NÄHRSTOFFE
ENTHÄLT ES.

Mangold gedeiht am besten in
kühl-gemäßigten Regionen mit
langen heißen Sommern und
richtig kalten Wintern.

Wenn wir an Salat denken, fällt uns meist Kopf- oder Eisbergsalat als Erstes ein. Da gibt es aber noch viel mehr: Romanasalat, Rucola, Spinat, Chicorée, Senfgrün, Feldsalat, Kresse, Mangold, Endivie, Eichblattsalat, Lollo rosso oder Lollo bianco.

BLÄTTER AUS DEM GARTEN

Salat enthält annähernd 95% Wasser.

SALAT HAT FLACHE WURZELN UND BRAUCHT DESHALB STÄNDIG WASSER

BLÄTTER AUS DEM GARTEN

Ich sage bewusst nicht »Salat«, denn das würde Ihre Vorstellungen sofort in bestimmte Bahnen lenken. Es gibt nämlich so vieles, was im Garten wächst, was schön aussieht und gut schmeckt und bei der Zubereitung von Speisen Verwendung finden kann.

SALATE, KRÄUTER UND BLÜTEN

Jeder – wirklich jeder – kann seinen eigenen Salat anbauen, ob er nun einen großen Garten oder nur einen kleinen Balkon hat. Es lohnt sich, denn die Pflanzen brauchen nicht viel Platz und es gibt so viele köstliche Sorten, die Ihnen ein ganz neues Salaterlebnis vermitteln werden!

Für das erste Rezept in diesem Kapitel gehen Sie durch den Garten und pflücken sich einen hübschen Salat zusammen. Aber was kann man da nehmen? Wenn wir an Salatblätter denken, fällt uns meist als Erstes Kopfsalat oder Eisbergsalat ein. Das ist zwar langweilig, aber immerhin ein Anfang. Aber es gibt ja auch noch Romanasalat, Rucola, Spinat, Chicorée, Senfgrün, Feldsalat, Kresse, Mangold, Endivie, Eichblattsalat, Frisée-salat, Lollo rosso und bianco, Chinakohl … ich könnte so fortfahren.

Es geht aber nicht nur um Salat. Wie wäre es mit ein paar zarten Kräutern? Etwas Minze oder Basilikum bereichert einen Rucola-Eichblatt-Salat und lässt ihn herrlich duften. Dann wären da noch Petersilie und Kerbel, wunderbare Kräuter mit einem klaren, frischen Aroma, das die Salatblätter nicht erdrückt. Sauerampfer verleiht eine Zitrusnote, sollte aber wie Zitrone sparsam verwendet werden.

Wünschen Sie einen Farbtupfer, suchen Sie in Ihrem Garten ein paar Blüten zusammen. Das Verzehren von Blüten ist erst in letzter Zeit wieder in Mode gekommen, doch üblich ist es schon seit mehreren Tausend Jahren. Ein Typ namens John Evelyn schrieb 1699 ein wunderbares Buch, in dem 35 verschiedene Pflanzen, Kräuter und Blumen beschrieben werden, die sich für Salate eignen. Er forderte dazu auf, die Blätter von Roter Bete, Sellerie und Fenchel zu verwenden, nicht nur die Knollen, und empfahl ein einfaches Dressing aus süßem Öl, feinstem Essig sowie Salz und Pfeffer. Auch mehr als 300 Jahre später ist dem, was er da schrieb, nichts hinzuzufügen.

Die Blüten der Kapuzinerkresse – einer meiner Favoriten – sind Salatklassiker. Sie haben so leuchtende Farben und verleihen einem Gericht ein wunderbar pfeffriges Aroma – der Brunnenkresse nicht unähnlich. Aber es gibt noch sehr viel mehr Blühendes, das Sie für Salat nutzen können. Die violetten Borretschblüten haben einen milden, gurkenartigen Geschmack. Infrage kommen auch Stiefmütterchen-, Veilchen-, Hibiskus- und Rosenblätter. Und die Blüten von Kräutern können Sie verwenden, etwa die von Schnittlauch, Basilikum, Thymian, Minze, Salbei, Rosmarin und Majoran. Vergessen Sie aber nicht, dass die Blüten manchmal kräftiger schmecken als die Blätter selbst – also zuerst probieren, bevor sie in den Salat kommen.

Auch bei den Italienern wird man fündig: Zucchini und Kräuter, viele Basilikumsorten, Tomaten und mehr als ein Dutzend unterschiedliche Salate sind hier zu entdecken. Und alles, was aus Treviso kommt, etwa Chicorée und Radicchio, bereichert in kleinen Mengen jeden Salat.

Scheuen Sie nicht davor zurück, Salat auch mal warm zu machen. John Burton Race, der in Großbritannien ein Zwei-Sterne-Restaurant hatte, servierte den Salat auf besondere Art. Wurde dieser bestellt, richtete man ihn mit einem Dressing an und schob ihn dann für 5–10 Sekunden in den heißen Backofen. So blieben die Blätter knackig, wurden aber leicht erwärmt. Denken Sie mal über den Unterschied nach zwischen frisch gepflückten Blättern aus dem Garten, die noch warm von der Sonne sind, und kalten Salatblättern aus dem Kühlschrank. Die Sonnenwärme macht das Aroma intensiver – probieren Sie es aus!

Vergessen wir auch nicht die buschigen Kräuter, die überall verwendet werden können. Neben dem bekannten Rosmarin und Thymian gibt es da zum Beispiel Ananas-Salbei, Pelargonien und Zitronenverbene. Alle ergeben frisch oder getrocknet einen herrlichen Kräutertee. Sie finden hier ein Rezept für Pelargonien-Blaubeeren mit Reispudding (siehe Seite 189). So einfach und so köstlich!

ANBAU

Salat wächst das ganze Jahr über und lässt sich gut aussäen. Sie können den Salat schon im Winter in einem kleinen Gewächshaus oder auf der Fensterbank vorziehen, bevor Sie ihn ab März ins Freie auspflanzen.

Im Sommer, wenn das Wasser knapp ist und die Sonne stark scheint, neigen die Blätter dazu auszuschießen, das heißt, der Salat verwendet all seine Energie darauf, Blüten und Saat zu produzieren, um sich fortzupflanzen. Um das zu vermeiden, sollten die mittleren Stiele abgeschnitten werden. Haben Sie ein wachsames Auge auf den Salat, denn wenn er blüht, schießt er in die Höhe und produziert keine essbaren Blätter mehr. Der Salat wird ungenießbar.

RICHTIGER UMGANG

Verwenden Sie zum Aufbewahren keine Plastikbeutel, die Blätter schwitzen dann und faulen schneller. Waschen Sie die Blätter und legen Sie diese einfach in einen Behälter, den Sie mit feuchtem Küchenpapier abdecken.

Denken Sie daran: Das Grünzeug muss dreimal gewaschen werden. Füllen Sie zwei Schüsseln mit Wasser. Waschen Sie die Blätter in der einen Schüssel, dann in der anderen. Die erste Schüssel ausgießen, frisches Wasser hineingeben und die Blätter ein drittes Mal waschen. Es gibt schließlich nichts Unerfreulicheres, als in einen Salat zu beißen und Sand zwischen den Zähnen zu haben. Gut, alle wissen dann, Sie haben den Salat selbst angebaut – aber es gibt sicher charmantere Methoden, darauf aufmerksam zu machen, oder?

»GEH-IN-DEN-GARTEN-UND-PFLÜCK-MICH-SALAT« MIT »MEINER« VINAIGRETTE

Es gibt keinen köstlicheren Salat als diesen. Frisch gepflückte Blätter, Kräuter und Blüten, die von der Sonne verwöhnt wurden, haben einen wunderbaren Geschmack, der sich aber von Stunde zu Stunde verliert, vor allem dann, wenn die Blätter im Kühlschrank gelagert werden. Auch wenn Sie keinen Garten haben, können Sie einige der unten aufgeführten Zutaten auf dem Balkon oder der Fensterbank ziehen. Die Blätter und Blumen, die ich gern verwende, finden Sie hier.

Rucolablätter und -blüten	junge Spinatblätter
Petersilie	Kopfsalat
Portulak	Radicchio und andere bittere Blätter wie Treviso und Löwenzahn
Basilikum	Borretschblüten
Kerbel	Minze
Zuckererbsen und Erbsenranken	Rote-Bete-Grün
das Grün von Dicken Bohnen	Radieschensprossen
Veilchenblüten	Ringelblumen
Blüten und Blätter der Kapuzinerkresse	Sauerampfer
Feldsalat	

Dazu bereite ich »Meine« Vinaigrette zu (siehe Seite 293). Sie können den Salat aber auch mit Estragondressing (siehe Seite 289) probieren.

PELARGONIEN-BLAUBEEREN MIT CREMIGEM REISPUDDING

FÜR 6 PERSONEN

Ein Favorit, seitdem ich mein Restaurant Pope Joan eröffnet habe. Beim Obst wechsle ich ab, je nachdem, was gerade Saison hat, aber stets pochiere ich die Früchte mit etwas Pelargonie. So bekommen sie einen zarten Blütenduft, der herrlich zum cremigen Reispudding passt.

Blaubeeren

200 g frische oder TK-Blaubeeren

110 g Zucker

je 1 Blatt und 1 Blütenstängel von der Pelargonie

Reispudding

75 g Arborio- oder ein anderer Rundkornreis

½ Vanilleschote, Mark herausgekratzt

500 ml Milch

100 g Zucker

1 Blatt weiße Gelatine, in kaltem Wasser eingeweicht und ausgedrückt

250 g Sahne, sehr steif geschlagen

Blaubeeren, Zucker und Pelargonie in einen Topf geben (2 l Fassungsvermögen). 14–18 Minuten bei mittlerer Hitze köcheln lassen, bis die Blaubeeren aufzuplatzen beginnen. Den Topf vom Herd nehmen, Pelargonienblatt und -blüte herausnehmen und Beeren in den Kühlschrank stellen.

Für den Reispudding Reis mit 1 Liter Wasser in einen Topf geben (2 l Fassungsvermögen) und aufkochen. Dann den Topf vom Herd nehmen und abgießen. Den Reis wieder in den Topf geben, Vanillemark und Milch zufügen. Bei mittlerer Hitze unter gelegentlichem Rühren gar kochen. Das dauert etwa 15–20 Minuten, dann sollte der Reis die Flüssigkeit vollständig aufgenommen haben. Zucker und Gelatine unterrühren. Kalt stellen, bis die Reismasse zu gelieren beginnt.

Ist dies der Fall, die geschlagene Sahne mit einem Spatel vorsichtig unterheben, das Ganze in eine Servierschüssel füllen und zum Festwerden wieder in den Kühlschrank stellen. Das dauert etwa 30 Minuten.

Zum Servieren Blaubeeren mit Saft auf den Reispudding geben.

SPINAT MIT
GEBACKENEM RICOTTA

FÜR 4 PERSONEN ALS BEILAGE

Eine einfache, aber aparte Beilage zu Schweine- oder Rindfleisch, eigentlich zu jedem Hauptgericht. Ich erinnere mich noch lebhaft, wie außergewöhnlich dieses Gericht schmeckte, als ich es bei meinen Freunden zum ersten Mal aß. In Jills und Andrews Version steckten all die guten Dinge aus ihrer Gemüsegärtnerei. In meinem Restaurant habe ich meine eigene Version gezaubert, die fast immer Brennnesseln und Mangold enthält. Sie können aber variieren und (fast) alle Blätter verwenden, die in Ihrem Garten wachsen. Versuchen Sie es zum Beispiel einmal mit dem Grün der Roten Bete, mit Sprossen von Dicken Bohnen oder mit Erbsensprossen.

150 ml Olivenöl

300 g junge Spinatblätter, gewaschen, trocken geschleudert und grob gehackt

300 g Senfgrün, gewaschen, trocken geschleudert und grob gehackt (nach Belieben)

2 Schalotten, fein gehackt

1 Knoblauchzehe, fein geschnitten

1 Msp. frisch geriebene Muskatnuss

1 Prise Cayennepfeffer

1 große Prise feines Meersalz

200 g Ricotta

2 Eigelb

200 g Sahne

Den Backofen auf 230 °C vorheizen. Eine Bratpfanne (32 cm Durchmesser) bei hoher Temperatur erhitzen. Olivenöl zugeben. Ist dieses heiß, Spinat, Senfgrün, Schalotten und Knoblauch hinzufügen und unter ständigem Rühren das Grün in der Pfanne zusammenfallen lassen. Die Pfanne vom Herd nehmen und Muskat, Cayennepfeffer und Salz untermengen. In eine große Schüssel geben und den Ricotta mit einem Holzlöffel unterheben.

Die Eigelbe mit der Sahne verquirlen. Zur Ricottamasse geben und gut vermengen. Das Ganze in einer ofenfesten Form (20 cm Durchmesser) verteilen und 20–25 Minuten im Backofen garen. Aus dem Ofen nehmen und sofort servieren.

SHARLEES MANGOLD-FETA-PIE

FÜR 4–6 PERSONEN (ABER WIR MACHEN ES FÜR 2 UND ESSEN DEN REST IM LAUFE DER WOCHE ALS SNACK ODER ZU MITTAG)

Als ich meine Frau Sharlee kennenlernte, war dies eines der ersten Gerichte, das sie für mich kochte. Nun steht es regelmäßig bei uns auf dem Tisch. Es ähnelt Spanakopita, der griechischen Filoteigpastete mit Spinat. Falls bei Ihnen nur Spinat wächst, können Sie diesen statt Mangold verwenden.

75 ml Olivenöl

1 Bund Mangold, gewaschen und grob gehackt

½ TL frisch geriebene Muskatnuss

Meersalz und frisch gemahlener schwarzer Pfeffer

1 rote Zwiebel, fein gewürfelt

250 g Feta (Schafskäse), zerbröckelt

1 EL Pinienkerne

4 Eier, verquirlt

80 g Butter, zerlassen

10 Blätter Filoteig (in griechischen oder türkischen Lebensmittelgeschäften)

2 TL Sesamsamen

Den Backofen auf 180 °C vorheizen.

Eine große Pfanne bei mittlerer Temperatur erhitzen, Olivenöl, Mangold und Muskat zugeben, mit Salz und Pfeffer würzen und 2–3 Minuten anschwitzen, bis er zusammenfällt. Wenn die Pfanne zu klein ist, den Vorgang portionsweise wiederholen. Pfanne vom Herd nehmen und den Mangold abseihen.

Zwiebel, Feta und Pinienkerne in einer großen Schüssel mischen. Mangold zugeben und die Zutaten gut mischen. Die verquirlten Eier unterrühren.

Eine Auflaufform (etwa 24 × 17 cm) mit etwas von der zerlassenen Butter einfetten. 2 Filoteigblätter der Länge nach hineinlegen und mit Butter bestreichen. Dann weitere 2 Blätter der Breite nach hineinlegen und wieder mit Butter bestreichen. Wiederholen, bis 4 doppelte Schichten Teig in der Form liegen (2 bleiben übrig).

Die Mangoldmasse gleichmäßig darauf verteilen. Den überhängenden Teig mal von der einen, mal von der anderen Seite darüberlegen und mit Butter bestreichen. Die letzten beiden Scheiben darauflegen, Ränder etwas festdrücken. Mit Butter bestreichen und mit Sesam bestreuen. Mit einer Gabel mehrmals einstechen und in 50–60 Minuten goldgelb backen. Aus dem Ofen nehmen und vor dem Servieren 10 Minuten ruhen lassen.

REICH an EISEN

UND KALIUM

HOFFMANN VON FALLERSLEBEN:

»Brennessel, verkanntes Kräutlein, dich muss ich preisen,

dein herrlich Grün in bester Form baut Eisen,

Kalk, Kali, Phosphor, alle hohen Werte,

entsprießend aus dem Schoß der Mutter Erde.«

EINE DER CHLOROPHYLLHALTIGSTEN PFLANZEN

KANN ZU EINEM STÖRENDEN UNKRAUT
WERDEN - REGELMÄSSIGES MÄHEN
FÖRDERT DIE PFLANZENDICHTE.

BRENNNESSEL

BRENNNESSELWUCHS IST OFT EIN
INDIKATOR DAFÜR, DASS EIN STICKSTOFFREICHER
BODEN IN SEINEM GEFÜGE VERÄNDERT ODER GESTÖRT WURDE.

(URTICA DIOICA)

BRENNNESSEL

Wer hätte gedacht, dass diese fiese kleine Kratzbürste so gut schmeckt? Ich erinnere mich noch gut daran, wie ich in dem Film »Die tollkühne Hexe in ihrem fliegenden Bett« erstmals gesehen habe, dass man Nesseln auch essen kann. Beim Gedanken an Brennnesselsuppe rümpften alle Kinder die Nase – ich auch!

DAS ULTIMATIVE HEILMITTEL

Erst einige Jahre später, als ich eine einfache, aber leckere Brennnesselsuppe mit Krabben aß, wurde mir klar, wie gut die Nessel schmeckt. Wahrscheinlich denken Sie wie ich, dass Brennnesseln erstens tückisch und zweitens ein Unkraut sind. Warum also sollte man sie essen? Nun, die Geschichte lehrt uns, dass sie seit der Bronzezeit zu vielerlei Zwecken verwendet wurde: als Medizin, zum Weben von Stoffen und zum Essen, weil sie so viele Nährstoffe enthält. Die alten Griechen schätzten die Nessel als Nahrungsmittel wegen ihrer Vielzahl an guten Inhaltsstoffen, sie nutzten sie aber auch medizinisch als eine Art Allheilmittel. Die Liste der Beschwerden, die mit Brennnessel behandelt wurden, ist lang und vielfältig: als Diuretikum und Laxativ, zur Behandlung von Wundbrand, Schwellungen, Nasenbluten, Lungenentzündung, Asthma, Kopfhautflechte, Würmern, Gürtelrose, Verstopfung, Gicht, Ischias, Gelenkschmerzen, Dysenterie (Ruhr), Hämorriden, Blasen- und Nierensteine, nicht zu vergessen Fieber und Ekzemen; als Gegenmittel bei Vergiftungen und Schlangenbissen, zum Gurgeln bei Hals- und Mundinfektionen und als Antiseptikum bei Wunden und Hautinfektionen. So viel Gutes aus so einer anspruchslosen kleinen Pflanze, einer, die oft als Plage bezeichnet wird! Die Griechen waren nicht die Einzigen, die die heilenden Eigenschaften der Nessel schätzten. Völker der ganzen Welt nutzten sie jahrhundertelang, von den alten Römern bis hin zu den Ureinwohnern Amerikas. Und Archäologen haben entdeckt, dass Brennnesselfasern bei der Herstellung von Kleidung eine Rolle spielten, so ähnlich wie Flachs oder Hanf.

Brennnesseln enthalten besonders viel Chlorophyll, die Substanz, die Pflanzen grün macht. Sie lässt sich aus den Nesseln extrahieren und als Färbemittel für Kleidung und Nahrungsmittel verwenden.

SAMMELN UND ANBAUEN

Gut – aber wo findet man die Wohltäter? Eigentlich überall. Sie stellen sich mit Vorliebe in der Nähe der Menschen und ihrer Siedlungen ein und wachsen dort üppig. Am häufigsten findet man sie an Bach- und Flussläufen, aber auch auf Viehweiden. Sie sollen ein gutes Tierfutter sein, Rinder und Schafe produzieren mehr Milch, wenn ihnen Brennnesseln ins Futter gemischt werden. (Das war in früheren Zeiten ganz offensichtlich ein großer Vorteil für die Bauern.)

Brennnesseln anzubauen, ist im Allgemeinen unnötig, das Unkraut wird den Weg in Ihren Garten aller Voraussicht nach sowieso finden. Wenn Sie es entdecken, müssen Sie nur dem Drang widerstehen, es auszureißen. Lassen Sie die Pflanzen stattdessen einfach wachsen. Sie lieben phosphat- und stickstoffhaltige Böden – wenn sich die Brennnesseln also in Ihrem Gartenboden wohlfühlen, ist das ein gutes Zeichen. Sie sind recht robust und gedeihen in der prallen Sonne wie auch auf feuchtem Boden. Auch als natürlicher Dünger kann sich die Brennnessel nützlich machen. Weichen Sie dazu Brennnesselblätter 1–2 Wochen in Wasser ein, und schon haben Sie einen Flüssigdünger, den Sie in Ihrem Garten versprühen können. Sie werden sehen, das hält auch Insekten in Schach. Werfen Sie übrig gebliebene Nesselstängel auf Ihren Komposthaufen, sofern Sie einen haben. Kompost zersetzt sich nämlich schneller, wenn er mit Nesseln in Berührung kommt.

VORSICHT BEIM PFLÜCKEN

Wenn Sie Brennnesseln pflücken wollen, wie verhindern Sie, dass Sie sich verbrennen? Dafür muss man die Pflanze besser verstehen. Das Brennen ist ein Mechanismus zur Selbstverteidigung gegen Fressfeinde. Wenn Sie sich die Blätter und Blattstängel genau ansehen, erkennen Sie etwas, das wie feine Härchen aussieht. Diese Brennhärchen – in Wirklichkeit winzig kleine Röhren – sind sehr fragil. Berührt man sie, brechen sie ab und setzen eine chemische Substanz frei, die die Haut reizt. Wir empfinden das als schmerzhaftes Brennen. Um derartige Verbrennungen zu umgehen, gibt es ein einfaches Mittel. Wenn Sie Nesseln pflücken, sollten Sie Ihre Hände mit Handschuhen schützen. Gummihandschuhe sind perfekt dafür,

da sie länger sind und so Handgelenk und einen Teil des Unterarms gleich mit schützen.

Trotzdem passiert es, dass sich selbst der erfahrenste Brennnesselpflücker hin und wieder an der Pflanze verbrennt. Hier einige Erste-Hilfe-Tipps: In enger Nachbarschaft zur Brennnessel gedeiht meist der Krause Ampfer. Dieser hat große Blätter und einen breiten Stängel. Reißen Sie eines der Blätter ab und reiben Sie damit über den betroffenen Bereich. Wenn Sie keinen Ampfer in der Nähe haben oder nicht wissen, wie er aussieht, dann zeigen Salatgurke oder Petersilie die gleiche Wirkung. Ein anderes Heilmittel besteht darin, ein Stück Klebeband auf die betroffene Stelle zu kleben und sofort wieder abzuziehen, die Härchen werden dadurch entfernt. Und wenn das alles nicht infrage kommt, können Sie auch auf die Stelle spucken. Der Speichel besitzt eine Vielzahl von natürlichen Heileigenschaften. Wenn möglich, sollten Sie diese Stelle anschließend waschen und gut abtrocknen. Nicht reiben!

IN DER KÜCHE

Wenn Sie Ihre Brennnesseln zusammen haben, müssen diese gründlich gewaschen werden, um sie von Schmutz zu befreien. Beim Waschen werden zudem die meisten dieser lästigen Brennhaare mit entfernt. Um auch noch die restlichen Brennhaare zu entfernen, müssen Sie die Nesseln einfach nur in einen Topf mit kochendem Wasser geben und 3–5 Minuten kochen, dann abgießen und mit Eiswasser abschrecken. Das Eiswasser stoppt den Garprozess abrupt und erhält die leuchtend grüne Farbe. Schon haben Sie Nesseln ohne Brennhärchen, die Sie wie Spinat weiterverarbeiten können. Legen Sie sie in ein Küchenhandtuch und wringen Sie sie aus, um so viel Wasser wie möglich herauszupressen. Dann kommen die Brennnesseln bis zur Weiterverarbeitung in den Kühlschrank.

BRENNNESSELRAVIOLI MIT KREBSFLEISCH UND MANGOLD

FÜR 4 PERSONEN

Dies ist die Abwandlung eines Rezepts, das ich als Küchenchef des Circa in Melbourne zubereitete. Die feinen Aromen gehen eine wunderbare Liaison ein. Die Füllung ist relativ flüssig, achten Sie deshalb beim Füllen der Ravioli darauf, dass diese keine Lufteinschlüsse oder Löcher haben.

Krebsfüllung

200 g Krebsfleisch

50 g Crème fraîche oder saure Sahne

Saft von ½ Zitrone

feines Meersalz und frisch gemahlener schwarzer Pfeffer

2 Gelatineblätter, in kaltem Wasser eingeweicht und ausgedrückt

1 Eigelb

2 EL feine Semmelbrösel

1 EL gehackter Dill

1 EL gehackte glatte Petersilie

Brennnesselpasta

250 g Brennnesselblätter

170 g Weizenmehl, Type 550

60 g Eigelb (Zimmertemperatur)

Zum Servieren

25 ml Olivenöl

1 kleines Bund Mangold, Stängel und Blätter fein geschnitten

50 g Butter, in Würfeln

essbare Blüten zum Garnieren

Für die Füllung Krebsfleisch, Crème fraîche oder saure Sahne, Zitronensaft und 1 Esslöffel Wasser in einen Topf geben, mit Salz und Pfeffer würzen und bei schwacher Hitze so lange rühren, bis die Zutaten sich verbunden haben. Den Topf vom Herd nehmen und die restlichen Zutaten für die Füllung gut unterrühren. In eine Schüssel füllen und 1–1½ Stunden kalt stellen.

Für die Pasta 1,5 Liter Salzwasser zum Kochen bringen. Brennnesselblätter hineingeben und 5 Minuten kochen. Abgießen, mit Eiswasser abschrecken und in einem Küchenhandtuch das Wasser auspressen. Brennnessel in eine Schüssel geben und mit einem Pürierstab zerkleinern. Zum Schluss sollten 180 g Brennnesselpüree in der Schüssel sein, 60 g werden für die Pasta gebraucht, den Rest einfrieren.

Brennnesselpüree, Mehl, Eigelb und 1–2 EL Wasser in eine Schüssel geben und mit einem elektrischen Handrührgerät mit Knethaken auf niedrigster Stufe 3–4 Minuten zu einem Teig verbinden. Den Teig auf eine Arbeitsfläche legen und 5 Minuten kneten, bis er glatt und geschmeidig ist. 40 Minuten mit einem Küchenhandtuch abgedeckt ruhen lassen.

Den Teig halbieren. Jede Teighälfte auf mehreren Stufen je einmal durch die Nudelmaschine drehen, dazu mit der dicksten Teigstärke beginnen und mit der vorletzten Stufe enden. Eine Teigbahn wird der Boden für die Ravioli, die andere die Decke. Die eine Teigbahn in vier Quadrate (à 12 × 12 cm) schneiden und beiseitelegen. Das werden die Böden. Die andere Teigbahn noch einmal auf der letzten (dünnsten) Stufe durch die Nudelmaschine drehen, dann in vier etwas größere Quadrate schneiden (14 × 14 cm). Die vier Bodenquadrate auf eine leicht bemehlte Arbeitsfläche legen und jeweils ein Viertel von der Krebsfüllung in die Mitte setzen. Die Kanten mit etwas Wasser bestreichen und ein größeres Teigquadrat darauflegen. Eventuell vorhandene Luftbläschen herausdrücken und die Ränder fest andrücken. Die restlichen Ravioli ebenso zubereiten. Dann eine runde Ausstechform (9 cm Durchmesser) nehmen und daraus runde Ravioli ausstechen.

2 Liter Salzwasser zum Kochen bringen, Ravioli hineingeben und 7 Minuten im siedenden Wasser garen.

Währenddessen eine große Pfanne bei hoher Temperatur erhitzen, Öl und Mangold hineingeben und den Mangold anschwitzen, bis er zusammenfällt. Meerfenchel und Butter zugeben und so lange weiterdünsten, bis die Butter eine nussbraune Farbe hat. Dann 4 EL vom Nudelkochwasser abnehmen und unterrühren. So lange köcheln lassen, bis die Sauce eine cremige Konsistenz hat. Die Mangoldmischung auf vier Tellern anrichten, Ravioli abgießen und jeweils eine daraufsetzen. Mit essbaren Blüten garnieren.

BRENNNESSELSUPPE MIT POCHIERTEN WACHTELEIERN, JAKOBSMUSCHELN UND SPECK

FÜR 2 PERSONEN

Schon die Suppe allein ist ein Gedicht, noch erlesener schmeckt sie mit der köstlichen Einlage. Wer keine Wachteleier nehmen möchte oder keine bekommt, kann auch Hühnereier verwenden.

Brennnesselsuppe

100 ml Weißwein (ich empfehle einen Riesling Spätlese)

100 ml trockener Wermut (z. B. Noilly Prat, Sie können stattdessen aber auch mehr Weißwein nehmen)

2 Knoblauchzehen, in Scheiben

2 Schalotten, in Scheiben

1 großes Bund glatte Petersilie, Blätter abgezupft, Stiele beiseitegelegt

1 großes Bund Brunnenkresse, Blätter abgezupft, Stiele beiseitegelegt

300 g Brennnesselblätter, gewaschen

Meersalz und frisch gemahlener schwarzer Pfeffer

Zum Servieren

50 ml Weißweinessig

4 Wachteleier (oder Bio-Hühnereier)

50 g durchwachsener Speck, in Streifen

4 große Jakobsmuscheln

Meersalz und frisch gemahlener schwarzer Pfeffer

Saft von ½ Zitrone

Für die Suppe zuerst die Gemüsebrühe zubereiten. In einen Topf (2,5 l Fassungsvermögen) 1 Liter Wasser geben und Wein, Wermut, Knoblauch, Schalotten, Petersilien- und Brunnenkressestiele hinzufügen. Aufkochen und bei mittlerer Temperatur etwa 40 Minuten kochen lassen. Dann sollte die Flüssigkeit auf 500 ml reduziert sein. Topf vom Herd nehmen und die Brühe durch ein Sieb in einen (hitzeresistenten) Mixer abseihen. Die festen Zutaten wegwerfen (siehe Hinweis).

Den Topf ausspülen und 1,5 Liter warmes Salzwasser zum Kochen bringen. Brennnesselblätter und Kräuter 7–8 Minuten darin kochen. Abgießen, ebenfalls in den Mixer geben und das Ganze zu einem feinen Püree verarbeiten (siehe Hinweis). Anschließend durch ein feines Sieb streichen und abschmecken. Ist die Suppe zu dickflüssig, mit etwas Wasser verdünnen. Bis zum Servieren warm halten.

In der Zwischenzeit die Suppeneinlage vorbereiten. Wenn ich jetzt meine Methode, Wachteleier zu pochieren, preisgebe, komme ich meinen Kollegen womöglich wie ein »Cowboy« (Branchenjargon für Verräter) vor, aber das ist mir jetzt egal. Mit meiner Methode werden die Wachteleier perfekt pochiert (bei Hühnereiern funktioniert das nicht, siehe Seite 165, wenn Hühnereier verwendet werden). Zwei kleine Dariolformen oder Metallschüsselchen nehmen und jeweils die Hälfte des Essigs hineingeben. In der Zwischenzeit einen Topf, zur Hälfte mit Wasser gefüllt, zum Kochen bringen, dann die Temperatur reduzieren, damit das Wasser sich nur noch leise bewegt. Jetzt vorsichtig die Eier in die vorbereiteten Formen aufschlagen. Mit einem Wellenschliffmesser lässt sich die Schale leichter öffnen. Die Eier 30 Sekunden im Essig lassen.

Mit einem Löffel das Wasser im Topf gegen den Uhrzeigersinn umrühren. Dann Eier und Essig hineingleiten lassen und 1–1½ Minuten pochieren, bis das Eiweiß fest geworden ist. Das Eigelb sollte noch etwas flüssig sein. Mit einem Schaumlöffel herausnehmen und zum Abtropfen auf Küchenpapier legen.

Eine kleine Pfanne bei schwacher Temperatur erhitzen und den Speck darin knusprig braten (Ölzugabe ist nicht nötig). Speck auf Küchenpapier abtropfen lassen und auf die zwei Suppenteller verteilen.

Jede Muschel vierteln. Salzen, pfeffern, mit Zitronensaft beträufeln und 1 Minute marinieren. Dann zum Speck in die Teller geben. In jeden Teller vorsichtig ein pochiertes Ei legen.

Die heiße Suppe im Topf oder in einer Terrine auf den Tisch stellen, damit jeder sich davon nehmen kann.

Hinweise: Die Brühe für diese Suppe schmeckt köstlich, sie lässt sich auch als Basis für jede andere Suppe verwenden.

Wenn Sie heiße Zutaten in den Mixer geben, ist Vorsicht angesagt. Legen Sie stets ein Küchenhandtuch über den Deckel und starten Sie auf niedrigster Stufe mit dem Mixen. Dann können Sie die Umdrehungszahl allmählich erhöhen.

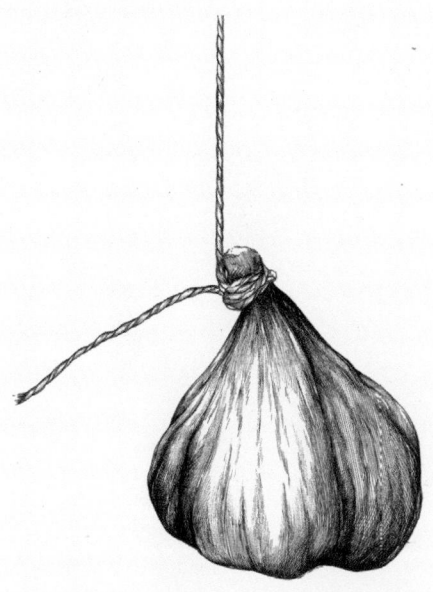

BRENNNESSEL-SAUERAMPFER-OMELETT MIT FETA

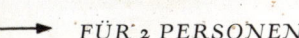

FÜR 2 PERSONEN

Gibt es etwas Schöneres, als mit einem Omelett zum Frühstück geweckt zu werden? Diese Version war zeitweise auf der Speisekarte meines Restaurants, und Sie müssen es unbedingt mal ausprobieren.

150 g Brennnessel, Blätter abgezupft und gewaschen

6 Eier

200 g Sahne

feines Meersalz und frisch gemahlener schwarzer Pfeffer

1 kleines Bund Sauerampfer, in feine Streifen geschnitten

200 g Feta oder weicher Ziegenkäse

Den Backofen auf 200 °C vorheizen.

1 Liter Salzwasser in einem Topf aufkochen. Brennnessel hineingeben und 5 Minuten kochen. Abgießen, mit kaltem Wasser abschrecken, in ein Küchenhandtuch geben und das Wasser auspressen. Dann die Brennnessel grob hacken.

Die Eier mit der Sahne in einer Schüssel verquirlen, salzen und pfeffern. Brennnessel und Sauerampfer unterrühren, zum Garnieren etwas vom Sauerampfer beiseitelegen.

Die Ei-Kräuter-Masse in zwei Backformen (3 cm tief, 16 cm im Durchmesser) verteilen und 20 Minuten im vorgeheizten Backofen stocken lassen. Sofort aus dem Ofen nehmen und Feta oder Ziegenkäse darüberkrümeln. Mit dem restlichen Sauerampfer bestreuen und sofort servieren. Dazu passt ein Stück geröstetes Brot.

Bereits die alten Ägypter bauten
Zwiebeln an. Sie betrachteten
sie als Symbol für das Universum.

VERWANDT MIT LILIEN, LAUCH,
KNOBLAUCH, SCHALOTTEN,
SCHNITTLAUCH & SPARGEL

RÖMISCHE LEGIONÄRE BRACHTEN DIE ZWIEBEL NACH MITTELEUROPA, WO SIE GRUNDNAHRUNGSMITTEL FÜR WENIGER BEGÜTERTE WURDE.

KANN IN 6–8 MONATEN GEERNTET WERDEN.

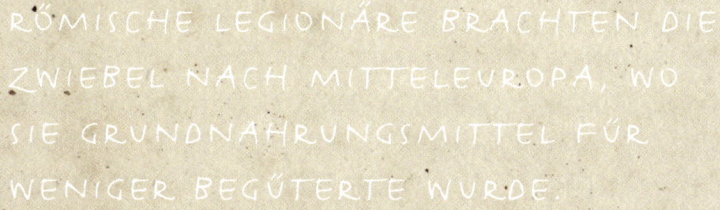

ZWIEBELN

Essen Sie sie roh, kurz gebraten, eingelegt oder geschmort, als »Star auf dem Teller« oder als Beilage – die Zwiebel ist vielseitig und flexibel.

(ALLIUM CEPA)

ZWIEBELN

Das Gemüse, das meine Jugend in Yorkshire wirklich symbolisiert, ist die Zwiebel. Eingelegte Zwiebeln, um genauer zu sein. Alljährlich, wenn die Ernte anstand, legten mein Vater und Großvater Tom Unmengen von Zwiebeln fürs ganze Jahr ein. Sie wären beide stolz, könnten sie meine diesjährige Ausbeute sehen.

ZUBEREITUNG

Sie wissen wahrscheinlich, dass es sehr viele Zwiebelsorten gibt. Hier nur einige wenige: Schalotten, Frühlingszwiebeln, Gemüsezwiebeln, rote Zwiebeln, weiße, braune, eingelegte … Die Liste ließe sich fortführen. Über die verschiedenen Varianten der einzelnen Sorten, wie etwa die gelben französischen Schalotten (askalonische Zwiebeln) und roten Gemüsezwiebeln, haben wir dabei noch gar nicht gesprochen.

Ihre Verwendungsmöglichkeiten sind so vielfältig: Essen Sie Zwiebeln roh, kurz gebraten, eingelegt, gebacken, geschmort oder in der Suppe, als »Star auf dem Teller« oder als Beilage. Unter den Gemüsesorten ist die Zwiebel die einzige, die zu allen Fisch- und Fleischsorten und zu allen Meeresfrüchten passt. Fantastisch!

Zwiebeln sind ein Allerweltsgemüse, ein integraler Bestandteil jeder Küche. Schon vor Tausenden von Jahren wurden sie angebaut. Die Ägypter sahen in ihnen ein Symbol für die Ewigkeit und legten sie ihren Toten in die Gräber. Und seit jeher schätzten Griechen, Römer und Inder sie als Heilmittel und in der Küche. Bevor Sie mit dem Kochen anfangen, sollten Sie sich Gedanken machen, welche Sorte am besten dazu passt. Schalotten und Frühlingszwiebeln beispielsweise haben sehr zarte Aromen. Soll es süßlicher schmecken, nehmen Sie weiße Zwiebeln, und braune, wenn der Geschmack kräftiger sein soll.

Ich persönlich mag weiße Zwiebeln am liebsten. Auch wenn ich einen Eintopf oder eine Suppe koche, verwende ich nie braune. Gut, sie sind preiswerter, aber sie schmecken und riechen anders. Braune Zwiebeln, finde ich, haben etwas Muffiges, Erdiges an sich, die weißen hingegen sind viel milder und süßer. Die weiße Zwiebel ist die Dame unter den Lauchgewächsen – wohlriechend, zart und mild.

TRÄNEN MÜSSEN SEIN

Warum fließen beim Zwiebelschneiden Tränen? Viele Leute haben das zu ergründen versucht, und so gibt es ziemlich viele alte Hausmittelchen, die das verhindern sollen: die Zwiebel zuerst in Wasser einweichen, durch den Mund atmen … Mein Rat lautet: Härten Sie sich ab und lernen Sie, damit umzugehen. Wer Zwiebeln schneidet, muss einfach weinen. Wenn die Zwiebeln alt sind und auszutreiben beginnen, bringen sie Sie zum Weinen. Wenn sie jung sind und frisch aus der Erde kommen, bringen sie Sie zum Weinen. Irgendwo zwischen diesen beiden Polen sind sie ganz okay, aber wie auch immer – heulen Sie sich doch einfach ein bisschen aus.

EINLEGEN

Eigentlich hätte ich unser Familienrezept mit aufnehmen sollen, aber wenn Sie Zwiebeln wirklich einlegen möchten, empfehle ich Ihnen, sich in alten Kochbüchern umzusehen. Dort finden Sie garantiert ein Rezept. Hier einige Tipps von mir, damit das Einlegen gelingt:

↝ *Der wichtigste Teil der Vorbereitung ist das Salzen. Zwiebeln müssen drei Tage in Salzwasser liegen. Jeden Tag nachschauen, ob sie auch wirklich in der Flüssigkeit schwimmen (falls nötig, mit einem Teller beschweren). Nach drei Tagen abseihen und gründlich waschen.*

↝ *Was den Essig betrifft, verlangen die meisten Rezepte reinen Malzessig, ich jedoch mische Weißwein- und Apfelessig oder eine andere Sorte dazu, um das Ganze ein wenig zu beleben. Den Essig aufkochen, dann über die Zwiebeln gießen.*

↝ *Zu guter Letzt die Gewürze: Sie benötigen Muskatblüte, viele schwarze Pfefferkörner, eine Chilischote (am besten getrocknet) und ein Gewürz, das ein Geheimnis ist, ich darf es nicht erzählen, sonst würde mein Vater mich umbringen … okay, okay, es ist das Lorbeerblatt.*

↝ *Lassen Sie die Zwiebeln drei oder vier Monate eingelegt ziehen, bevor Sie sie essen. Je länger Sie warten, desto besser.*

ANBAU UND LAGERUNG

Wenn Sie Zwiebeln pflanzen möchten, aber nicht viel Platz haben, ziehen Sie Frühlingszwiebeln aus Saat heran. Sie können diese eng nebeneinander aussäen, es funktioniert auch in einem Topf oder Kasten für die Fensterbank. Möchten Sie lieber größere rote oder weiße Zwiebeln anbauen, habe ich die besten Ergebnisse erzielt, wenn ich sie habe ausschießen und blühen lassen. Ist die Blüte vertrocknet, kann die Zwiebel unter der Erde geerntet werden. Einige werden jetzt vielleicht sagen, dass das so nicht richtig ist, aber so habe ich es immer gemacht. Wenn man sie zu früh herausnimmt, sind die mittleren Schichten oft noch grün und haben keinen Geschmack. Und was die Lagerung betrifft: Zwiebeln müssen nicht in den Kühlschrank. An einem kühlen und trockenen Ort lagern.

ZWIEBELSUPPE NACH BARNSLEY-ART

ERGIBT 4 GROSSE SUPPENTELLER

Ich erzähle Ihnen nun eine schöne Geschichte über die Zwiebelsuppe meiner Mutter. Sie baute die Zwiebeln auf einer kleinen Fläche am Haus an und zwar eine Sorte, von der ich nie wieder etwas gehört habe. Es muss eine alte Kultursorte gewesen sein, die in meiner Familie eine Heimat gefunden hatte. Das Rezept hier wurde von Generation zu Generation weitergereicht … Gut, das ist eine Lüge. Für das Protokoll: Meine Mutter machte eine großartige Zwiebelsuppe (und Zwiebelsauce zu Kalbsleber und Speck), doch bei dieser hier habe ich ein wenig mit der traditionellen französischen Suppe herumexperimentiert. Zeigen wir es den Franzosen, die glauben, das gute Essen erfunden zu haben (ja, sie haben vieles erfunden und ich mag sie). Ich habe die Suppe nach meiner Heimatstadt benannt – ein Kerl aus Barnsley hat sie nach einem französischen Rezept gekocht.

150 ml Olivenöl	70 ml Portwein
50 g Butter	200 ml Weißwein
4 kleine weiße Zwiebeln, halbiert, klein geschnitten	100 ml Rotwein
4 kleine rote Zwiebeln, halbiert, klein geschnitten	30 g Weizenmehl
4 Knoblauchzehen, fein geschnitten	2 l Schinken- oder Gemüsebrühe (oder einfach Wasser)
5 dicke Scheiben geräucherter Bauchspeck, klein geschnitten	2 EL gehackte glatte Petersilie
130 ml Weinbrand	Meersalz und frisch gemahlener schwarzer Pfeffer

Einen Suppentopf bei mittlerer Temperatur erhitzen und Olivenöl und Butter hineingeben. Ist die Butter geschmolzen, beide Zwiebelsorten, Knoblauch und Speck in den Topf geben und 20–35 Minuten goldbraun dünsten. Mit Weinbrand und Portwein ablöschen, ein Streichholz anzünden und den Alkohol vorsichtig anzünden. Ist die Flamme verschwunden, beide Weine zugießen und das Ganze um die Hälfte einkochen lassen.

Bei mittlerer Hitze das Mehl einrühren, darauf achten, dass keine Klümpchen entstehen. Brühe zugießen, die Temperatur erhöhen und aufkochen lassen. 50–60 Minuten köcheln, dann sollte die Suppe eine dicke Brühenkonsistenz haben. Zum Schluss Petersilie zugeben und mit Salz und Pfeffer nach Geschmack würzen. Mit Brot servieren.

GEBRATENE FRÜHLINGSZWIEBELN MIT KRUSTENBRATEN

FÜR 4 (MIT RESTEN) ODER 6 PERSONEN

Alle Arten von Zwiebeln lassen sich auf diese Weise zubereiten, aber ich mag vor allem die Süße der Frühlingszwiebeln zum Schweinebraten. Als Beilage empfehle ich den gebackenen Fenchel (siehe Seite 150). Der Braten reicht für 4 Personen, und dann bleibt noch etwas für die nächsten Tage übrig. Wer mag nicht ein kaltes Stück Braten auf Brot?

Krustenbraten

1,5 kg Krustenbraten, Schwarte fein eingeritzt

1 EL grobes Meersalz

Frühlingszwiebeln

1 EL Olivenöl

6 große Frühlingszwiebeln, halbiert

3 EL Zucker

50 ml Rotweinessig

40 g Butter

Für den Schweinebraten den Backofen auf 250 °C vorheizen.

Um den Braten einzuritzen (sofern der Fleischer dies nicht bereits getan hat), mit einer neuen Rasierklinge (vom alten Typ) vorsichtig die Schwarte in 1 cm breiten Abständen einritzen. Den Braten in eine Bratenform legen, das Salz darüberstreuen und in die Schwarte massieren. 10–15 Minuten zur Seite stellen (und ein Glas Wein trinken).

Den Braten 1 Stunde in den Backofen stellen, die Form alle 15 Minuten um 90 Grad drehen. Nach 1 Stunde die Temperatur auf 160 °C stellen und den Braten weitere 10–20 Minuten im Ofen garen.

In der Zwischenzeit die Zwiebeln zubereiten. Eine große Pfanne erhitzen, Olivenöl zugeben und die Zwiebeln mit der Schnittfläche nach unten in 2–3 Minuten goldgelb braten. Zucker zugeben und leicht karamellartig einkochen, dabei die Pfanne hin und wieder schwenken. Essig zugießen und das Ganze auf eine Glasur reduzieren. Butter und 150 ml Wasser in die Pfanne geben und für den Fall, dass es spritzt, Abstand nehmen. Die Temperatur reduzieren und sanft köcheln lassen, evtl. zusätzliches Wasser zugeben. Nach 15–20 Minuten sollten die Zwiebeln weich sein. Zwiebeln vorsichtig aus der Pfanne nehmen. Zum Servieren die äußere härtere Schicht abnehmen. Den Braten aus dem Ofen nehmen und mit einem Metallspieß hineinstechen, um die Garprobe zu machen. Ist die Mitte des Spießes heiß, ist das Fleisch gar. Die Schwarte sollte schön knusprig sein. 10–15 Minuten ruhen lassen, aufschneiden und servieren.

EINGELEGTE GELBE SCHALOTTEN

Ich weiß nicht, wie es bei Ihnen war. Als ich aufwuchs, bestanden die typischen Mittagessen am Sonntag aus irgendeiner Form von Fleisch mit einer traditionellen Beilage: Hühnchen mit Salbeifüllung, Schwein mit Apfelsauce, Lamm mit Minzsauce und Rind mit eingelegten roten Zwiebeln. Jetzt springe ich bei diesen eingelegten Schalotten vor Freude in die Luft – nicht, dass die Zwiebeln meiner Kindheit schlecht waren … Es ist nur so, dass diese ein Knaller sind und für alles Mögliche verwendet werden können, etwa in einem Blattsalat, zu allen Getreidearten, zu pochiertem oder gedämpftem Fisch usw.

75 ml Reisweinessig

75 ml Apfelessig

150 g Zucker

1 TL feines Meersalz

4 gelbe Schalotten, dünn geschnitten, in Ringe geteilt

150 ml Wasser, beide Essigsorten, Zucker und Salz in einen Topf geben und aufkochen lassen. Topf vom Herd ziehen, den Sud erst abkühlen lassen, dann kalt stellen.

Die Schalotten in ein Gefäß geben und den Sud darübergießen. Am besten schmecken sie frisch, aber sie halten sich einige Tage im Kühlschrank.

Ein kleiner Trick: Geben Sie ein Schlückchen Grenadine in den Sud, um die Schalotten zu färben. Sie bekommen so eine blassrosa Farbe.

Der Name stammt vom lateinischen Wort
»pastus«, was »Futter« bedeutet.

Jedes Jahr frisches
Saatgut verwenden.

Einige wenige Sorten sind gute Allrounder.
Dazu gehört die lange Hollow Crown und
die kleinere Halblange Weiße, die ein
lieblicheres Aroma besitzt.

PASTINAKEN

REICH AN KALIUM &
BALLASTSTOFFEN

(PASTINACA SATIVA)

PASTINAKEN

Pastinaken lassen sie ähnlich wie Möhren anbauen und verwenden. Sie mögen denselben Boden und lassen sich genauso zubereiten. In Europa wurden die Bezeichnungen Möhre und Pastinake lange Zeit synonym verwendet. Damals war auch die weiße Möhre sehr beliebt, da kann man sich vorstellen, dass es zu Verwechslungen kam. Der Hauptunterschied zwischen Pastinake und Möhre: Die Pastinake hat ein erdigeres Aroma und ihre Konsistenz ist faseriger.

ANBAU

Pastinaken wachsen das ganze Jahr über, doch wie bei Möhren und Rote Bete können sie – im Sommer ausgesät – holzig werden. Gut ist es, sie im Winter zu säen, allerdings wachsen sie dann sehr langsam. Am besten sind sie im Frühling und Herbst. Pastinaken sind nicht ganz einfach, vor allem nicht, wenn sie ausgesät werden. Doch wenn Sie erst einige Male geerntet haben, können Sie damit umgehen. Der Trick: Nach der Aussaat muss der Boden festgestampft werden und drei oder vier Tage feucht gehalten werden. Pastinaken vertragen Frost. Frost lässt sie sogar besser schmecken, aber sie wollen es feucht haben. Von der Aussaat bis zur Ernte dauert es bis zu fünf Monate.

SORTEN

Es gibt einige wenige Sorten, die echte Allrounder sind und relativ leicht anzubauen sind, wenn Sie einen sandigen Boden haben. Dazu gehört die Hollow Crown, eine recht lange und kräftige Sorte und die Halblange Weiße, die sehr viel kleiner ist, aber ein lieblich-süßes Aroma hat. Pastinaken können je nach Form in drei Gruppen eingeteilt werden: die knolligen (oder runden), die bajonettförmigen und die keilförmigen. Die bajonettförmigen sind ziemlich gerade. Der keilförmige Typ, den die meisten von uns kennen, hat breite Schultern und eine spitz zulaufende Taille. Farblich variieren sie von milchig-weiß bis gelb-weiß. Der Geschmack ist entscheidend. Probieren Sie unterschiedliche Sorten aus und entscheiden selbst, welche Sie bevorzugen.

DURCH DIE JAHRE

Die moderne Pastinake ist der Nachkomme der wilden Pastinake, die in Europa immer noch am Straßenrand und auf Feldern wächst. Sie ist sehr dünn und sehr lang. Verglichen mit den dicken heutigen Sorten keine große Ausbeute. Man nimmt an, dass es die Römer waren, die Pastinaken erstmals kultiviert haben. Sie gehört zur Familie der Doldenblütler (Apiaceae), eine Gruppe von hohlstieligen, aromatischen Pflanzen, zu denen auch Petersilie, Kerbel und meine Lieblinge, die Möhren, gehören.

In Frankreich nahm die Beliebtheit der Pastinaken ab, dort verfütterte man sie stattdessen an die Schweine. So gefütterte Schweine sollen eine Delikatesse sein. In Italien ist diese Praxis noch üblich, aus ihnen wird der berühmte Prosciutto gemacht. Auch einige irische Biersorten werden mit Pastinaken angereichert.

ZUBEREITUNG

Ich finde, Pastinaken schmecken besser, wenn man sie dämpft statt kocht. Das liegt an ihrem hohen Stärkeanteil. Gekocht können sie glitschig werden, was nicht wünschenswert ist. Wegen ihres hohen Zuckergehalts lassen sie sich auch gut braten. Schälen Sie die Pastinaken und schneiden Sie diese der Länge nach in vier Scheiben. Den harten Innenstrunk entferne ich immer, er ist unverdaulich (bei ganz jungen Exemplaren kann man ihn mitessen). Dann braten Sie sie in etwas Öl und würzen sie. Köstlich. Oder probieren Sie gebratene Pastinaken mit einer Honigglasur – eine klassische Gemüsebeilage, die ich sehr schätze. Das Rezept finden Sie hier nicht, weil ich denke, jeder kennt es bereits. Doch wenn nicht, es ist ganz einfach. Die Pastinaken anbraten, bis sie eine schöne Farbe haben, dann Honig und etwas guten Weißweinessig zugeben und die Pfanne in den Ofen schieben. Darin garen, bis die Pastinaken weich sind. Das ist es schon. Dann ab in eine Schüssel und auf den Tisch damit. Lecker!

RISOTTO AUS SCHWARZEM REIS MIT PASTINAKEN-PÜREE MIT ODER OHNE BÄRENKREBSE

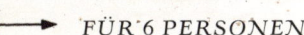

Pastinaken besitzen ein volles erdiges Aroma, insbesondere, wenn man sie mit süßem Mascarpone und Meeresfrüchten kombiniert. Auch wenn ich mit oder ohne Bärenkrebse geschrieben habe, versuchen Sie es mit. Pastinaken und Meeresfrüchte sind ein gutes Gespann.

Pastinakenpüree

5 große Pastinaken

50 g Butter

50 ml Olivenöl

150 g Mascarpone

100 g Meerrettich (aus dem Glas)

Risotto

100 ml Olivenöl

450 g schwarzer Risottoreis

100 ml Weißwein

6 lebende Bärenkrebse (nach Belieben),
2½ Minuten in kochendem Wasser gegart
und geschält

1 Tasse gehackter Dill und Kerbel

Saft von 2 Zitronen

Meersalz und gemahlener schwarzer Pfeffer

Für das Püree Pastinaken putzen, schälen und den harten Innenkern entfernen. Den Abfall mit 1,5 Liter Wasser in einen Topf geben und aufkochen lassen. 15 Minuten köcheln, die Brühe beiseitestellen und erst wieder erhitzen, wenn der Risotto zubereitet wird (das ist eine ausgezeichnete Gemüsebrühe für vegetarische Gerichte).

In der Zwischenzeit die Pastinaken in dünne Scheiben schneiden. Eine große Pfanne erhitzen, Butter und Olivenöl bei schwacher Hitze hinzufügen. Die Pastinaken darin 2–3 Minuten anschwitzen. Die Temperatur erhöhen, 300 ml Wasser zugießen, aufkochen und die Pastinaken in 7–9 Minuten weich garen. Abgießen und die Kochflüssigkeit aufbewahren. Die Pastinaken im Mixer pürieren, Mascarpone und Meerrettich zugeben und das Ganze zu einem glatten Püree verarbeiten. Ggf. etwas von der Kochflüssigkeit zugeben, sollte das Püree zu dick sein. Es sollte die Konsistenz von Kartoffelpüree haben.

Für den Risotto eine große Pfanne erhitzen, Olivenöl zugeben und 1 Minute erhitzen. Reis einrühren und 2–3 Minuten anbraten. Wein zugießen und 3–5 Minuten erhitzen, bis er verdampft ist. Nach und nach die heiße Brühe zugeben – je 250 ml auf einmal –, dabei oft umrühren. Pastinakenpüree unter den Reis rühren. Zum Schluss Krebsfleisch, Kräuter, Zitronensaft untermengen und würzen.

PASTINAKENCHIPS

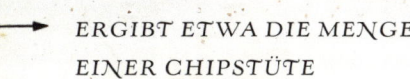

ERGIBT ETWA DIE MENGE
EINER CHIPSTÜTE

Dieser Snack ist so köstlich, dass sein Gegenstück, die gekauften Kartoffelchips, eine schlechte Figur abgeben. Diese Schönheiten passen zu einem Bier und zu einem Fußballspiel, das im Fernsehen läuft, als Kanapee oder als Alternative für Kartoffelchips für Kinder. Ja, Sie brauchen eine Fritteuse, und ja, sie werden frittiert, aber sie schmecken himmlisch. Solange die Temperatur des Öls 180 °C nicht übersteigt, ist das kein Problem. Sie müssen auf die Zubereitung schon ein wachsames Auge haben. Versuchen Sie auch Chips aus Möhren, Süßkartoffel oder Lotuswurzel – Pastinake schmeckt aber am besten. Die Chips bleiben rund 6 Stunden knusprig, für den Fall, dass Sie diese für eine Party vorbereiten wollen.

1 l Pflanzenöl, z. B. Sonnenblumenöl
zum Frittieren

300 g Pastinaken (1 große oder 2 kleine)

Meer- oder Kräutersalz (siehe Seite 293)

Das Öl in einer Fritteuse oder in einem tiefen Topf (nicht mehr als ²/₃ voll) auf 160 °C erhitzen. Pastinaken schälen und putzen, dann mit einem Gemüsehobel in dünne Scheiben schneiden (oder in Streifen).

Den Einsatz ins heiße Öl tauchen, eine Handvoll Pastinakenscheiben hineingeben und 30 Sekunden frittieren, dann den Korb herausnehmen. 1–2 Minuten warten, dann erneut ins Öl tauchen und knusprig frittieren. Das kurze Blanchieren sorgt dafür, dass die Chips knuspriger werden. Die Chips auf Küchenpapier abtropfen lassen, dann die restlichen Chips frittieren. Die fertigen Chips in eine Schüssel geben, mit Salz bestreuen und zu einem kalten Bier genießen.

PASTINAKEN-SKORDALIA

ERGIBT 2 TASSEN

Einfach und doch wohltuend: Das ist meine Abwandlung der klassischen Skordalia aus Kartoffeln. Ich mag das süß-erdige Aroma, das die Pastinaken mitbringen. Ganz zu schweigen von den Aromen der Haselnüsse und des Knoblauchs, die das Ganze abrunden. Der harte Innenkern der Pastinake muss unbedingt entfernt werden, sonst wird das Püree zäh. Ich nehme Magermilch, die brennt nicht so schnell an.

30 g Haselnusskerne (siehe Hinweis)

100 g Bio-Knoblauchzehen, 2-mal in Wasser blanchiert

150 g Pastinake (etwa 1 große), geschält, entkernt, dünn geschnitten

400 ml Magermilch

Saft von ½ Zitrone

50 ml bestes Olivenöl

1 EL fein gehackte glatte Petersilie

grobes Meersalz und frisch gemahlener schwarzer Pfeffer

Den Backofen auf 180 °C vorheizen. Die Haselnusskerne auf ein Backblech legen und 5–10 Minuten im Backofen rösten. Dann die noch warmen Haselnusskerne in ein Küchenhandtuch legen und die Schalen abreiben.

Knoblauch, Pastinake, Haselnusskerne und Milch in einen Topf geben und aufkochen, dann die Pastinaken weich köcheln. Durch ein feines Sieb abgießen, die Flüssigkeit aufbewahren. Die festen Zutaten in einen Mixer geben und zu einem stückigen Püree verarbeiten (oder mit dem Pürierstab). Je nach gewünschter Konsistenz etwas von der Kochflüssigkeit zugeben. Zitronensaft, Olivenöl und Petersilie unterrühren und mit Salz und Pfeffer abschmecken.

Hinweis: Möchten Sie eine eher traditionelle Skordalia zubereiten, verwenden Sie stattdessen Kartoffeln und blanchierte (nicht geröstete) Mandeln.

WELTWEIT GIBT ES RUND

4000

KARTOFFELSORTEN.

Boden
pH-Wert 5,5-6

Erstmals zwischen 8000
und 5000 v. Chr. in Peru
angebaut.

WELTWEIT WERDEN JÄHRLICH RUND
300 MILLIONEN TONNEN DES WICHTIGEN
GRUNDNAHRUNGSMITTELS GEERNTET.

KARTOFFELN

Es gibt nichts Schöneres, als die
eigenen Kartoffeln aus der Erde
zu holen, sie zu waschen und
dann einfach zu servieren.

KARTOFFELN

Was soll man über ein Gemüse wie die Kartoffel sagen? Sie ist in der westlichen Welt das, was im Osten der Reis ist. Ein Grundnahrungsmittel, das geschätzt und verehrt wird.

PERFEKT PÜRIERT

Meine ersten Kocherfahrungen haben mich gelehrt, bei der Zusammenstellung einer Mahlzeit zuerst an die Proteine zu denken und dann darüber nachzudenken, wie die Kartoffel zubereitet werden muss, damit beides zusammenpasst. Damals war es keine Frage, ob Kartoffeln dazugehörten. Als ich Kochen lernte, gab es zu jedem Gericht Kartoffeln. Auch heute, wo ich gern Reis und andere Getreidearten zubereite, ist sie immer noch mein Favorit. Wer liebt nicht dünne Kartoffelscheiben, die mit Sahne, Thymian und Knoblauch gekocht und dann zu einem Gratin verarbeitet werden? Ein Klassiker schlechthin.

Doch es gibt wohl kaum etwas Feineres als perfekt pürierte Kartoffeln. Ich rede hier nicht von dem Püree aus der Tüte, sondern vom richtigen, perfekt gewürzten, sahnigen, hausgemachten Püree. Das Geheimnis liegt im Verhältnis: 50 Prozent Kartoffeln und 50 Prozent Butter, mit etwas Milch zum Binden. Das ist nichts für eine Diät, wenn Sie aber mal schlemmen möchten, dann tun Sie das richtig. Verdünnen Sie es mit Milch und würzen Sie mit Salz, nicht mit Pfeffer. Es ist das beste Püree, das es gibt. Das kann ich Ihnen wirklich versprechen. Und vertrauen Sie mir, was den Pfeffer anbetrifft.

VERWENDUNG

Nach Europa kam die Kartoffel dank der spanischen Eroberer aus der Andenregion Südamerikas. Das war Ende des 16. Jahrhunderts. Obwohl sie ursprünglich mit großem Argwohn betrachtet wurde (wie etwas Giftiges), akzeptierte man sie schließlich im 18. Jahrhundert. Sie wurde in vielen Ländern angebaut und bereicherte den Speiseplan. Die Kartoffel ist also gerade einmal rund 400 Jahre bei uns. Für das Überleben der Menschen war sie von essenzieller Bedeutung. Und sie ist, wie die Tomate auch, nicht mehr aus unserem Leben wegzudenken und durch nichts zu ersetzen. Nach der großen Hungersnot in Preußen im Jahre 1774 erkannte Friedrich der Große das hohe Potenzial der Kartoffel als Sattmacher und so befahl er, den Menschen Kartoffeln unentgeltlich zukommen zu lassen.

In Irland erkannte man schon sehr früh, dass eine relativ große Kartoffelernte wenig Arbeit machte und schon ein Morgen Land ausreichte, um eine sechsköpfige Familie ein Jahr lang zu ernähren. Die irischen Bauern waren damals die ärmsten auf der Welt, und dieses Gemüse wurde als von Gott gesandt angesehen. Die Bauern waren durch den Kartoffelanbau in der Lage, ihre Familien über Wasser zu halten. Das ging bis 1845 gut, dann gab es durch die Kartoffelfäule Missernten. Im Verlauf der nächsten sechs Jahre starben mehr als eine Million Iren den Hungertod. Die Konsequenz daraus: Mehr als eine Million kehrte ihrem Land den Rücken und ging nach Amerika. All diese Witze über die Liebe der Iren zur Kartoffel und ihre Abhängigkeit von dem Gemüse sind also alles andere als witzig.

ANBAU

In meiner Kindheit haben wir immer Kartoffeln angebaut. Mein Vater hatte sie stets im Garten. Und wir waren glücklich, denn in Großbritannien (und auch in Australien) hatten wir drei Ernten jährlich, in den kälteren Ländern wie Skandinavien oder Russland gab es nur eine. Vielleicht dachte ich deshalb als Teenager, es sei gut, einen Job auf der großen Kartoffelfarm in Penistone bei Barnsley anzunehmen. Ich blieb einen Tag. Ich bekam 1 ½ Pfund die Stunde dafür, Kartoffeln auszugraben, und ich übertreibe nicht, wenn ich sage, es war der härteste und unsinnigste Job in meinem Leben.

Etwas anderes ist es, wenn Sie für den Eigenverbrauch Kartoffeln anpflanzen. Dann gibt es nichts Befriedigenderes, als Kartoffeln aus der Erde zu holen, sie zu waschen und dann ganz einfach zuzubereiten – gekocht und püriert mit etwas gutem Olivenöl, Weißweinessig, Salz und frischen Kräutern. Einfach himmlisch. Ich empfehle Ihnen allerdings, Kartoffeln nur in einem einzigen Abschnitt Ihres Gartens anzupflanzen. Denn wenn sie einmal im Beet sind, werden sie dort immer wieder wachsen. Als ich bei meinem neuen Haus ein Kartoffelbeet angelegt habe, habe ich den Boden gesiebt, um dem Gemüse die besten Voraussetzungen zum Wachsen zu geben. Allerdings muss ich beim Aufnehmen einige Kartoffeln in der Erde liegen gelassen haben. Und was soll ich Ihnen sagen. Innerhalb weniger Monate hatte ich wieder Kartoffeln. Einmal drin, kommen sie immer wieder. Auf einer alten englischen Farm habe ich mal beobachtet, wie die Bauern alte Lkw-Reifen gesammelt und sie mit Erde gefüllt haben. Mit diesen Reifen haben sie das Wachsen der Kartoffeln in Grenzen gehalten.

SORTEN

Viele scheuen sich Kartoffeln anzupflanzen, weil sie nicht wissen, welche Sorte. Es gibt weltweit mehrere Tausend, und für den Hobbygärtner erhältlich sind rund 500. Wenn Sie Kartoffeln kaufen, ist die Qualität der Sorte ein entscheidendes Kriterium. Gehen Sie in einen Hofladen, fragen Sie den Bauern. Es ist wirklich entscheidend, dass Sie für das von Ihnen ausgesuchte Rezept die richtige Kartoffel wählen. Das Ganze lässt sich mit dem Apfel vergleichen. Nicht umsonst nennen Franzosen die Kartoffel »pomme de terre«, Erdapfel. Wie beim Apfel eignen sich Kartoffeln für unterschiedliche Zubereitungsmethoden. Einige Äpfel kann man backen, die anderen kochen … Desiree, Linda, Charlotte sind Allroundtalente. Zum Kochen eignen sich, Bamberger Hörnchen oder Gala, Kipfler und alle Nicolasorten, vor allem, wenn sie daraus einen Salat zubereiten möchten. Beim Braten und Frittieren spielen Sorte und Stärkegehalt eine bedeutende Rolle. Für Knödel oder Püree dagegen verwendet man mehlig kochende Sorten wie Blauer Schwede, Freya oder Karat. auch hier werden festkochende Kartoffeln benötigt.

DIE BESTEN BACKKARTOFFELN

FÜR 4 PERSONEN

Suchen Sie möglichst kleine Kartoffeln dafür aus, die etwa 40 g pro Stück wiegen. Im Handel sind sie als Drillinge erhältlich. Der Name bezeichnet keine eigenständige Sorte, sondern einfach besonders kleine Kartoffeln. Ich empfehle die Sorten Kipfler, Charlotte oder die englische King Edward.

800 g kleine Kartoffeln

Meer- oder Kräutersalz (siehe Seite 293)

100 g Schmalz oder Olivenöl (als gesündere Alternative)

Den Backofen auf 250 °C vorheizen.

Die Kartoffeln vorsichtig abbürsten und waschen, die Schale aber nicht entfernen. Kartoffeln mit einem Küchenhandtuch trocken reiben. Die Kartoffeln in einen ausreichend großen Topf geben (zum Rand hin sollten 5 cm frei bleiben) und mit kaltem Wasser die Kartoffeln vollständig bedecken. Auf höchster Stufe aufkochen lassen und 5 Minuten kochen. Abgießen und ausdämpfen lassen.

In der Zwischenzeit Schmalz oder Öl in eine große Bratenform geben und im Backofen 2–4 Minuten erhitzen. Die Form herausnehmen die Kartoffeln darin verteilen und wieder in den Backofen stellen. Die Temperatur des Backofens auf 220 °C stellen und die Kartoffeln 35–50 Minuten darin backen. Alle 8 Minuten die Form leicht bewegen. Aus dem Ofen nehmen und das überschüssige Fett abgießen. Mit Salz oder Kräutersalz bestreuen und servieren.

GESCHMORTE KIPFLER-KARTOFFELN MIT GLATTHAI

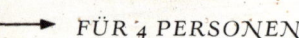

FÜR 4 PERSONEN

Aus mehreren Gründen ist dieses Rezept vielseitig: Es schmeckt sehr gut und obwohl es recht schwer ist, gehört es – egal, welches Wetter und welche Jahreszeit – zu meinen Lieblingen. Statt Kipfler können Sie jede kleine festkochende Kartoffel verwenden. Hai und Tomaten können Sie weglassen und stattdessen jeden anderen fleischigen Fisch – einen, der beim Schmoren nicht austrocknet – nehmen. Nun wollen Sie wissen, was dazu passt? Ich werde es Ihnen nicht erzählen, aber hier ein Tipp: Schauen Sie sich den Rest des Buches an und entscheiden Sie danach, welches Rezept geeignet ist. Oder Sie kochen etwas Couscous oder Polenta dazu.

200 ml bestes Olivenöl

2 große Zwiebeln, halbiert, fein geschnitten

300 g kleine Kipfler-Kartoffeln, gewaschen und in 5 mm dicke Scheiben geschnitten

250 g Tomaten, am besten eine alte Sorte oder Roma, grob zerkleinert

Meersalz und frisch gemahlener schwarzer Pfeffer

600 g australischer Glatthai (ohne Haut und Gräten), in 18 × 7 cm großen Stücken

3 EL abgespülte, gesalzene kleine Kapern

Saft von 1 Zitrone

½ Bund glatte Petersilie, Blätter abgezupft, grob gehackt

Einen Topf bei mittlerer Temperatur erhitzen. Olivenöl zugeben und 3 Minuten erhitzen, dann Zwiebeln hinzufügen und unter gelegentlichem Umrühren in 8 Minuten glasig dünsten (nicht bräunen). Kartoffeln zugeben und etwa 10 Minuten darin anbraten. Tomaten in den Topf geben und unter gelegentlichem Umrühren 5 Minuten braten. Ab und zu wenden. Mit Salz und Pfeffer würzen und die Temperatur auf höchste Stufe stellen. 400 ml Wasser zugeben und aufkochen lassen. Anschließend bei schwacher Hitze 15–20 Minuten köcheln lassen, bis die Kartoffeln gar sind.

Die Fischstücke in den Topf legen, die Temperatur erhöhen und den Fisch 4 Minuten kochen. Den Topf vom Herd nehmen, Kapern einrühren, einen Deckel darauflegen und 10–15 Minuten ruhen lassen.

Den Deckel abnehmen und prüfen, ob der Fisch gar ist. Abschmecken und den Topf bei mittlerer Temperatur wieder auf den Herd stellen. Zitronensaft und Petersilie unterrühren und servieren.

SHEPHERD'S-PIE-KROKETTEN

ERGIBT 30–50 STÜCK JE NACH GEWÜNSCHTER GRÖSSE

Klar, es handelt sich hier nicht wirklich um eine Shepherd's Pie, aber die hier aufgelisteten Zutaten stimmen überein. Die Lammschulter sollte sanft und langsam gegart werden. Die Kroketten sind ein herrlicher Snack oder eine Beilage zu Lammgerichten. Allerdings ist ihre Zubereitung etwas aufwendiger, Sie sollten also Zeit und Ruhe mitbringen und dies nicht nach einem langen Arbeitstag in Angriff nehmen.

800 g Lammfleisch aus der Vorderschulter

1 Möhre, geschält und gewürfelt

1 kleine Rübe, geschält und gewürfelt

1 Zwiebel, geviertelt

1 kg pürierte Kartoffeln (ohne weitere Zutaten, warm)

2 EL Dijonsenf

4 EL zerlassenes Entenfett (Zimmertemperatur) oder Olivenöl

1 Handvoll gehackte glatte Petersilie

Meersalz und frisch gemahlener schwarzer Pfeffer

45 ml Sherryessig

Panade

100 g Weizenmehl

8 Bio-Eier, leicht verquirlt

600 g Semmelbrösel (aus 2 Weißbroten)

Pflanzenöl zum Frittieren

Lammschulter, Möhre, Rübe und Zwiebel in einen Schongarer oder gusseisernen Topf legen und mit Wasser bedecken. Zugedeckt 7 Stunden sanft köcheln lassen. Dann etwas abkühlen lassen, das Fleisch herausnehmen und in eine Schüssel raspeln. Den Rest des Topfinhalts in ein Sieb geben, die Garflüssigkeit weggießen. Gemüse zum Fleisch geben. Restliche Zutaten unterarbeiten, dann daraus Kroketten formen.

Für die Panade Mehl, Eier und 100 g Semmelbrösel jeweils in eine Schüssel geben. Die Kroketten erst im Mehl wälzen, dann in die Eiermasse tauchen; danach in den Semmelbröseln wälzen. Auf ein Blech legen. Mit den restlichen Kroketten fortfahren. Sind alle Kroketten mit der Panade überzogen, diese noch einmal in Ei tauchen, dann in Semmelbrösel wälzen. So entsteht eine doppelte Kruste.

Öl in einer Fritteuse oder einem tiefen Topf (nur ⅓ mit Öl gefüllt) auf 180 °C erhitzen. Die Kroketten portionsweise im heißen Fett 2–3 Minuten knusprig ausbacken. Mit Salz (oder Kräutersalz, siehe Seite 293) bestreuen und sofort servieren.

WINTERSALAT AUS ZWEIERLEI KARTOFFELN MIT CAPOCOLLO UND TRÜFFEL

Ich muss zugeben, wenn bei Ihnen eine spärliche Trüffel herumhängt, wird dieses Gericht mit gehobeltem Trüffel darüber ein Gaumenschmaus … Aber auch ohne Trüffeln wird es begeistern. Der Salat muss warm serviert werden, damit das Aroma der Kartoffeln sich entfalten kann.

300 g kleine Kipfler-Kartoffeln, gewaschen, in 1 cm dicke Scheiben geschnitten

300 g kleine Vitelotten (violette Kartoffeln), gewaschen und in 1 cm dicke Scheiben geschnitten

1 Portion Estragondressing (siehe Seite 289)

1 Portion Pastinaken-Skordalia (siehe Seite 224)

8 dünne Scheiben Capocollo (oder Prosciutto bzw. Salami)

2 EL abgespülte und gehackte gesalzene kleine Kapern

Petersiliensprossen (nach Geschmack), fein gehackt

75 ml bestes Olivenöl

Meersalz und frisch gemahlener schwarzer Pfeffer

1 kleine Wintertrüffel

Beide Kartoffelsorten jeweils in einen großen Topf geben, mit kaltem Wasser bedecken und etwas Salz zugeben. Aufkochen und bei mittlerer Hitze 5–7 Minuten köcheln lassen. Mit einem Messer in eine Kartoffel stechen, um die Garprobe zu machen. Abgießen und die Kartoffeln in eine Schüssel legen. Etwas vom Estragondressing untermischen, bis alle Kartoffeln gut damit überzogen sind. 1 Minute ruhen lassen. Auf einen großen Servierteller etwas von der Skordalia geben, die Kartoffeln darauf verteilen, mit Capocollo, Kapern und Petersiliensprossen bestreuen, mit Olivenöl beträufeln, mit Salz und Pfeffer würzen und zum Schluss Trüffel darüberhobeln.

Hinweis: Capocollo ist eine gepökelte und luftgetrocknete Wurst aus Schweinefleisch. Es gibt sie in guten Delikatessenläden mit italienischen Produkten.

POTATO SCALLOPS

ERGIBT 20 STÜCK

Ich liebe diese britischen Kartoffel-Fritter. Ich weiß, es ist Junkfood, aber ich gäbe eine Million dafür, wenn jedes Junkfood so zubereitet würde. Wenn Sie reichlich Geld haben, kaufen Sie noch eine Wintertrüffel, schneiden diese in dünne Scheiben und legen jeweils eine davon auf die Kartoffeln, bevor Sie diese in den Teig tauchen..

3 große Kartoffeln (je etwa 200 g)	**Teig**
800 g Sahne	200 g Weizenmehl
2 Prisen feines Meersalz	200 g Speisestärke
frisch gemahlener weißer Pfeffer aus der Mühle (nach Geschmack)	3 EL Backpulver
Pflanzenöl zum Frittieren	feines Meersalz
Kräutersalz (siehe Seite 293) zum Servieren	400–450 ml Mineralwasser mit Kohlensäure

Den Backofen auf 230 °C vorheizen. Boden und Seiten einer tiefen Fettpfanne (26 × 20 cm) oder ein Backblech mit hohem Rand mit Backpapier auslegen. Kartoffeln kurz abspülen, nicht schälen, dann in 1 cm dicke Scheiben schneiden. Es sollten etwa 20 Scheiben werden. Die Sahne in einen Topf (2 l Fassungsvermögen) gießen und unter gelegentlichem Umrühren aufkochen lassen. Den Topf vom Herd nehmen und mit Salz und Pfeffer würzen. Die Sahne in die Fettpfanne gießen, die Kartoffelscheiben darauf verteilen und mit Folie bedecken. Folie mit 5 Löchern versehen und die Fettpfanne für 30 Minuten in den Backofen stellen. Dann sollten sie noch leichten Biss haben. Aus dem Ofen nehmen und abkühlen lassen. In der

1 *Schneiden Sie die Kartoffeln in 1 cm dicke Scheiben.*

2 *Die Sahne in die ausgelegte Fettpfanne gießen.*

3 *Die Kartoffelscheiben auf der Sahne verteilen. Mit Folie abdecken und in den Backofen stellen.*

Zwischenzeit den Teig anrühren. Die Trockenzutaten in eine Schüssel geben und in der Mitte eine Vertiefung machen. Mineralwasser zugießen und die Zutaten so lange verrühren, bis ein glatter Teig entsteht (siehe Hinweis). Sind die Kartoffelscheiben abgekühlt, vorsichtig aus der Sahne nehmen und auf ein Blech legen. (Die Sahne können Sie verwenden, um Kartoffelpüree zuzubereiten.)

Das Pflanzenöl in eine Fritteuse oder einen tiefen Topf gießen (nicht mehr als ⅓ der Topfhöhe) und auf 160 °C erhitzen. Jede Kartoffelscheibe vorsichtig in den Teig tauchen und die Scheiben portionsweise 2–3 Minuten im heißen Öl goldgelb frittieren. Danach mit Kräutersalz bestreuen und sofort servieren.

Hinweis: Dies ist mein Standardteig, ich verwende ihn für vieles. Ein großartiges Rezept, das Sie in Ihr Repertoire aufnehmen sollten. Der Teig muss dick sein, damit er an der Kartoffelscheibe haftet. Wenn Sie den Teig für Fisch oder anderes Gemüse verwenden möchten, geben Sie mehr Mineralwasser hinzu.

4 Sind die Kartoffeln gar und abgekühlt, die Scheiben vorsichtig aus der Sahne nehmen und auf ein Blech legen.

5 Das Öl in der Fritteuse erhitzen. Die Kartoffelscheiben in den Teig tauchen.

6 Die Kartoffelscheiben portionsweise goldgelb frittieren.

Vielfältige Gruppe von frostempfindlichen Ein- und Mehrjährigen, mit unterschiedlichen Formen, Größen, Farben und Mustern. Die einzelnen Früchte wiegen von 1 kg bis zu 600 kg.

KÜRBISSE BRAUCHEN VIEL PLATZ.

In den USA hat man eine besondere Vorliebe für Kürbisse. Aus ihnen werden zu Halloween Laternen geschnitzt und die beliebte Pumpkin-Pie zubereitet.

KÜRBISSE

DIE ÄLTESTEN KÜRBISKERNE HAT MAN IN MEXIKO GEFUNDEN, SIE STAMMEN VON 7000 & 5000 V. CHR.

KÜRBISSE

Dass der Kürbis bei all den Rekordgemüsen in diesem Buch seinen Platz bekommen hat, ist, um ehrlich zu sein, eine Offenbarung. Ich habe nichts gegen den Kürbis, doch für mich und die meisten Engländer sind sie zuallererst Schweinefutter. Erst in Melbourne habe ich Kürbis als Gemüsebeilage kennengelernt. Und glauben Sie mir, seitdem beneide ich die englischen Schweine!

KÜRBISESSER

Es ist merkwürdig, dass es in den Ländern, die den Kürbis herzlich aufnehmen, das geringste Angebot gibt. In Australien und den USA mussten die frühen Siedler Pflanzen akzeptieren und verwenden, die ihren Arbeitseinsatz am reichhaltigsten belohnten, denn die klimatischen Bedingungen waren hart und ungnädig den Menschen gegenüber. Die Landschaft erschien den Siedlern schrecklich unfruchtbar. Sie mussten sich damit zufriedengeben, was ihre Familien ernähren und vor dem Hungertod bewahren konnte. Für uns scheint das alles so weit weg, wir haben unsere rund um die Uhr geöffneten Supermärkte und Lebensmittel in Hülle und Fülle, aber für unsere Vorfahren bestand das Leben aus vielen Sorgen.

Die Amerikaner lieben den Kürbis, der aus ihrem Land kommen soll. Und mit den berühmten Halloween-Laternen haben sie ihn berühmt gemacht. In England höhlen wir am 31. Oktober Steckrüben aus. Bevor ich nach Australien kam, habe ich nicht einmal gewusst, dass es Kürbisgebäck gibt. Aber die Australier lieben es, und so habe auch ich gelernt, dass Kürbis wundervoll ist.

ZUBEREITUNG

Kürbis hat eine natürliche Süße, die unterschiedliche Gewürznoten wie Nelken oder Süßholz haben kann. Ich gebe gern etwas Süßholz an Kürbispüree, um den Anisgeschmack hervorzuheben. Das Großartige am Kürbis ist, er lässt sich wie Kartoffeln auf jegliche Art zubereiten: er kann gedämpft, gebraten oder gegrillt werden. Nur kochen sollte man ihn nicht. Dann verliert er seine Vollkommenheit und zerfällt zu einem unbeschreiblich entsetzlichen orangefarbenem Mus.

Viele vergessen, dass auch die Kerne verwendet werden können. Waschen und trocknen Sie diese anschließend im Ofen oder an der Sonne. Streuen Sie sie, geröstet oder so, über einen Salat, und schon sieht er sehr viel ansprechender aus. Auch als Garnitur für Kuchen eignen sich die Kerne. Ich persönlich liebe den Kolibri-Kuchen mit seiner Zitrus-Frischkäse-Glasur und den gerösteten und klein gehackten Kürbiskernen. Und wenn Sie ein Kind haben, ist Kürbispüree ein absolutes Muss. In ihm stecken die Vitamine A und C, es ist salzarm und enthält gesättigte Fettsauren. Das macht das Püree so schmackhaft. Kürbis liefert zudem bemerkenswerte Mengen an Eisen, vor allem für Vegetarier ist er deshalb sehr gesund. Kürbis als Beilage passt zu allen gebratenen Fleischsorten, doch er schmeckt auch unglaublich gut zu Fisch und Herzhaftem, etwa Salami oder Enten-Confit. Herzhaft und süß sind ein wundervolles Paar.

SORTEN

Gärtner lieben Kürbisse. Es gibt unzählige Sorten, aus denen sie wählen können, für jeden Geschmack ist etwas dabei. Wenn Sie einen sehr großen Kürbis wollen, empfehle ich den Queensland Blue, eine australische Züchtung, oder japanische Sorten wie Hokkaido. Sie können auch einmal die ganz kleinen Sorten probieren, wie etwa den Orangen Knirps oder Patisson. Mein Liebling ist der Butternusskürbis, der nussig und süß schmeckt, ein großer Allrounder und die beste Wahl für Kekse und Gebäck. Die Schale ist so dünn, dass Sie diese zum Braten nicht abschälen müssen.

ANBAU

Eine Warnung, für den Fall, dass Sie Kürbis in Ihrem Garten anbauen möchten: Wenn Sie die Sorte ausgesucht und die Saat gekauft haben, stecken Sie nur einen Kern in die Erde, es sei denn, Sie verfügen über sehr viel Land. Glauben Sie mir. Hat die Jungpflanze sich erst einmal stabilisiert, wächst sie wie Unkraut! Und wenn Sie sie lassen, wird sie nicht nur viel Platz für sich beanspruchen, sondern auch überallhin klettern. Sie können die Ranken in eine gewisse Richtung zwingen und sie einen Baum oder einen Zaun hochwachsen lassen. Denken Sie daran, die Ranken zurückzuschneiden, sonst werden alle Ihre Kürbisse beim Nachbarn landen! Für all den Platz, den die Pflanze beansprucht, produzieren sie nicht allzu viel, aber sie schmecken so gut und sind es wert. Und ist die Saison vorbei, sollten sie einige Kerne aufbewahren. Sie können sie in der Sonne trocknen, dann einwickeln, beschriften und fürs nächste Jahr weglegen.

Kürbisse können dabei helfen, den Garten gesund zu erhalten. Der Kompost verrottet schneller, wenn Sie Kürbisschalen dazwischenlegen.

KÜRBIS-MÖHREN-GEMÜSE
MIT KAPERN-ROSINEN-DRESSING

*FÜR 2 PERSONEN ALS VORSPEISE
ODER 4 ALS BEILAGE*

½ Bund Möhren

1 Butternusskürbis, geschält, ohne Kerne, gewürfelt

Olivenöl zum Überziehen

1 EL Honig

3 EL gehackte geröstete Macadamianusskerne

3 EL gehackte Minze

3 EL gehackte glatte Petersilie

200 g Feta-Käse

Kapern-Rosinen-Dressing

1 EL abgespülte, gesalzene kleine Kapern

1 EL Rosinen, 5 Minuten in Wasser eingeweicht

3 Sardellen

1 Vogelaugenchili, halbiert, entkernt, gehackt

1 zerdrückte Knoblauchzehe

5 Basilikumblätter

2 TL Balsamico-Essig

Saft von ½ Zitrone

100 ml bestes Olivenöl

Meersalz und gemahlener schwarzer Pfeffer

Für das Dressing die festen Zutaten in einen Mörser geben und zu einer Paste verarbeiten. Die flüssigen Zutaten zugeben und abschmecken. Bei Bedarf Salz und Pfeffer zugeben, doch nicht zu viel Salz, denn Sardellen und Kapern sind bereits salzig. Beiseitestellen.

Den Backofen auf 190 °C vorheizen. Möhren schälen, in einen Topf mit kaltem Salzwasser geben und aufkochen lassen. Dann abgießen. Den Kürbis in eine große Bratenform legen und mit reichlich Olivenöl begießen. 10 Minuten im Backofen garen, zwischendurch einmal wenden. Nach 10 Minuten die Möhren dazugeben und das Ganze weitere 10 Minuten im Backofen garen. Möhren und Kürbis sollten dann gar sein. Mit Honig bestreichen und in einer Schüssel abkühlen lassen.

Ist das Gemüse zimmerwarm, etwas von dem Dressing darübergeben und gut mischen. Einige Macadamianüsse und Kräuter untermengen. Das Gemüse anrichten und mit den restlichen Nüssen und Kräutern garnieren. Weiteres Dressing darüberträufeln und den Feta zerkrümeln und darauf verteilen.

KÜRBISPÜREE MIT FISCHSTÄBCHEN

FÜR 4–6 PERSONEN (PLUS ÜBRIGE FISCHSTÄBCHEN FÜRS TK-FACH)

Ja, ja, bei diesem Rezept haben Sie mich erwischt. Es dreht sich alles um die Fischstäbchen … aber wer mag sie nicht? Das Kürbispüree ist schnell zubereitet und passt zu allem. Die Fischstäbchen sind etwas aufwendiger, deshalb machen wir gleich mehr davon und frieren einige ein. Dann dauert es das nächste Mal nicht so lange mit der Vorbereitung.

Fischstäbchen

900 g mehligkochende Kartoffeln, geschält und klein geschnitten

1,5 l Milch

1,5 kg weißfleischiger Fisch, z. B. Kabeljau (ohne Gräten, in 5 cm großen Würfeln)

2 Zweige Thymian

2 Zweige Estragon

60 g Butter

60 g Weizenmehl

600 ml Milch-Kochflüssigkeit (s. Anleitung S. 250)

1 Handvoll gehackte glatte Petersilie

geriebene Schale und Saft von 1 Bio-Zitrone

Zitronenstücke zum Servieren

Kürbispüree

1 Butternusskürbis (etwa 1,2 kg, geschält, ohne Kerne, in Stücke geschnitten)

180 ml Olivenöl

Meersalz und frisch gemahlener schwarzer Pfeffer

1 Handvoll gehackte glatte Petersilie

Panade

200 g Weizenmehl

6 Bio-Eier

200 ml Milch

400 g Semmelbrösel oder Panko-Mehl

Pflanzenöl zum Frittieren

Die Fischstäbchen zuzubereiten, ist ein wenig mühsam, aber es lohnt sich. Zuerst die Kartoffeln garen, dann den Fisch mit den Kräutern in der Milch garen, dann aus der »Fisch-Milch«, der Butter und dem Mehl eine weiße Sauce zubereiten.

Die Kartoffeln in einen Topf geben (2 l Fassungsvermögen) und mit kaltem Wasser bedecken. Aufkochen, dann bei mittlerer Hitze in 12–14 Minuten weich garen. Abgießen und die Kartoffeln wieder in den Topf geben, bei schwacher Hitze 1–2 Minuten dämpfen. Pürieren, in eine große Schüssel füllen und mit einem Küchenhandtuch abdecken.

Während die Kartoffeln köcheln, die Milch in einen Topf (2 l Fassungsvermögen) gießen und bei mittlerer Hitze köcheln lassen. Regelmäßig umrühren, damit die Milch nicht am Boden ansetzt. Fischstücke, Thymian und Estragon in den Topf geben und das Ganze bei schwacher Temperatur 8 Minuten sanft köcheln lassen. Dann den Topf vom Herd nehmen und abkühlen lassen. Mit einem Schaumlöffel vorsichtig den Fisch herausnehmen und zu den Kartoffeln legen. Die Schüssel abdecken und die Milch durch ein Sieb gießen. 600 ml davon abmessen. Den Rest weggießen.

Den Kartoffeltopf auswaschen und die Butter darin bei schwacher Hitze zerlassen. Mehl zugeben und etwa 3 Minuten rühren, dann 200 ml von der zurückgestellten Milch unterrühren. Nach und nach restliche Milch unterrühren. So lange köcheln, bis eine klümpchenfreie weiße Sauce entstanden ist.

Die Sauce zu Kartoffeln und Fisch geben. Petersilie, Zitronenschale und Zitronensaft hinzufügen und alle Zutaten gründlich mischen. Jetzt gibt es zwei Möglichkeiten. Die Masse kann zu Küchlein geformt werden (kalt stellen und fest werden lassen, bevor sie paniert und frittiert werden) oder man macht Fischstäbchen daraus. Sollte Letzteres der Fall sein, ein Blech (30 x 20 cm) mit Backpapier belegen und die Masse gleichmäßig darauf verstreichen. 1–2 Stunden in den Gefrierschrank stellen, bis sie halb fest sind. Herausnehmen und die Masse der Länge nach einmal durchschneiden, dann jede Hälfte in 12 Fischstäbchen schneiden. Es sollen 24 Fischstäbchen dabei herauskommen. Diese wieder in den TK-Schrank stellen und weitere 3 Stunden gefrieren lassen. Auf diese Weise lassen sie sich leichter panieren und frittieren.

Für das Kürbispüree den Backofen auf 220 °C vorheizen. Den Kürbis in eine große Bratenform legen und 70 ml Olivenöl zugeben. Mit Salz und Pfeffer bestreuen und 30–35 Minuten im Ofen backen, gelegentlich die Form zwischendurch leicht schütteln. Aus dem Ofen nehmen und in einen großen Topf füllen. Bei schwacher Hitze restliches Olivenöl unterrühren und den Kürbis mit einer Gabel grob zerdrücken. Abschmecken. Kurz vor dem Servieren die Petersilie unterrühren.

Zum Panieren das Mehl in eine Schüssel geben. Eier und Milch in einer zweiten Schüssel verquirlen. Die Semmelbrösel oder Panko-Mehl in eine weitere Schüssel geben.

Die Fischstäbchen einzeln erst in dem Mehl wälzen, dann durch die Eiermilch ziehen, in den Semmelbröseln wälzen, wieder durch die Eiermilch ziehen und noch einmal in den Semmelbröseln wälzen. (Pro Person rechnet man zwei Fischstäbchen, die überzähligen können jetzt eingefroren werden.) Das Panieren ist eine langweilige Geschichte, deshalb hier ein Tipp: mit einer Hand die Stäbchen durch die Eiermilch ziehen, mit der anderen in Mehl und Semmelbröseln wälzen. Oder die bessere Hälfte, einen Freund oder die Kinder bitten, mitzuhelfen (dann wird es auch lustiger).

Die Backofentemperatur auf 200 °C reduzieren. Das Pflanzenöl in eine Fritteuse oder einen tiefen Topf gießen (nicht mehr als 1/3 voll) und auf 180 °C erhitzen. Die Fischstäbchen portionsweise in 3 Minuten goldgelb frittieren. Auf Küchenpapier abtropfen lassen und 4 Minuten in den Ofen legen, damit auch die Mitte warm ist. Mit dem warmen Püree und Zitronenstücken zum Beträufeln servieren.

1 *Die weiße Sauce zu den gegarten Kartoffeln und dem gekochten Fisch geben.*

2 *Petersilie und Zitronenschale untermengen.*

3 *Fisch-Kartoffel-Masse auf ein Backblech geben.*

4 *Die Masse glatt in der Form verstreichen und tiefgefrieren.*

5 *Fisch-Kartoffel-Masse auf ein Brett legen und in 24 Fischstäbchen teilen.*

6 *Die Fischstäbchen einzeln erst in dem Mehl wälzen, dann durch die Eiermilch ziehen, in den Semmelbröseln wälzen, wieder durch die Eiermilch ziehen und noch einmal in den Semmelbröseln wälzen. Sofort frittieren und dann im Ofen fertig garen.*

KÜRBIS-JOGHURT-PÜREE

ERGIBT VIEL, ABER NICHT ZU VIEL

*Einfach, aber gar nicht lächerlich. Ein großartiges Püree, das zu Fleisch- und Fischgerichten passt.
Auch als Dip oder als Babynahrung (dann kein Salz und Zucker dazugeben) eignet es sich.*

1 kg Queensland Blue (Winterkürbis), geschält, entkernt, in kleine Stücke geschnitten

50 ml Olivenöl

½ TL Demerarazucker

100 g Bio-Schafsmilchjoghurt

feines Meersalz und frisch gemahlener schwarzer Pfeffer

Den Backofen auf 200 °C vorheizen. Den Kürbis in eine große Bratenform legen und mit dem Olivenöl übergießen. In 20–25 Minuten im Backofen weich garen. Bevor der Kürbis aus dem Ofen kommt, ihn mit Zucker bestreuen und weitere 5 Minuten im Backofen lassen. Kürbis und Joghurt in einen Mixer geben und zu einem glatten, feinen Püree verarbeiten. Mit Salz und Pfeffer abschmecken und fertig.

Ein essbares Wurzelgemüse, das in Europa bereits in vorrömischer Zeit angebaut wurde.

Reich an Ascorbinsäure, Folsäure, Kalium

VITAMIN C

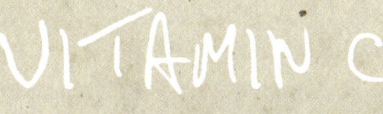

KEIMT 3-5 TAGE NACH DER AUSSAAT.

RADIESCHEN

RADIESCHEN SIND SEHR VIELSEITIG,
WACHSEN DAS GANZE JAHR,
SELBST IN KÄLTEREN REGIONEN.

(RAPHANUS SATIVUS)

RADIESCHEN

Auf der Liste meiner Lieblingsgemüse steht das Radieschen nach Möhre und Rote Bete an dritter Stelle. So einfach. So köstlich. Ich glaube, ich mag sie wegen ihrer Schärfe und weil sie so knackig sind. So ein herrliches Aroma bei so einem kleinen Gemüse.

EIN GAUMENKITZLER

Radieschen sind so herrlich, dass man gar nichts weiter mit ihnen anstellen muss. Die drei Rezepte sind leicht und frisch und in allen haben Radieschen ihren großen Auftritt. Die Geschmacksnerven werden angeregt und man hat Lust auf mehr. Das Interessante daran ist, dass Radieschen die Speicheldrüsen anregen und Ihren Mund im wahrsten Sinne des Wortes wässrig machen. Erreicht der Speichel den Magen, reagiert er mit der Magensäure, bringt sie zum Kochen und schreit nach mehr Nahrung. Kaum einer denkt daran, dass so ein putziges Gemüse so eine Reaktion auslösen kann. Und kaum einer glaubt, dass Radieschen mehr können als nur eine schlichte Beilage zu sein. Das ist schlimm, finde ich. Gott sei Dank hat das Radieschen in den letzten Jahren eine große Renaissance erlebt, auch in der Welt der Restaurants.

Sein Ruf und seine Wiedergeburt sind sicher nicht unverdient. Kürzlich habe ich das Vergnügen gehabt, Radieschen zu Champagner genießen zu dürfen, einfach himmlisch. Was gibt es Köstlicheres als ein frisch aus der Erde gezogenes Radieschen, das mit Butter und Kräutersalz gegessen wird? Probieren Sie das Rezept auf Seite 262 aus. Es ist einfach, aber umwerfend. Ein Radieschen in der einen Hand, Champagner in der anderen. Ich bin sicher, die Franzosen wissen, was sie tun. Bei den anderen beiden Rezepten handelt es sich um frische Salate, der eine aus einer alten Radieschen-Kultursorte, der andere mit Feigen, Walnüssen und Blauschimmelkäse. Beide schmecken hervorragend und bringen den Gaumen auf Trab. Vielleicht bewirten Sie Ihre Gäste damit und erfreuen sich daran, wie der Appetit für den nächsten Gang angeregt wird.

WOHLTUENDE EIGENSCHAFTEN

Schon vor Tausenden von Jahren haben Menschen Radieschen gegessen. Man streitet darüber, ob ihre Heimat in China oder im alten Ägypten liegt. Wo auch immer, in beiden Zivilisationen standen sie auf dem Speiseplan. In Ägypten wurden sie bereits vor 4700 Jahren angebaut. Die alten Griechen und Römer taten es den Ägyptern gleich. Überlieferungen zufolge gehörten Radieschen zur Ernährung der Sklaven, die in Gizeh die Pyramiden erbauten. Und auch in Asien waren sie sehr beliebt, dort wurden sie zumeist eingelegt und konserviert.

Radieschen wurden lange Zeit wegen ihrer wohltuenden Eigenschaften für die Verdauung gepriesen. Sie wirken als pflanzliches Diuretikum, helfen dem Körper dabei, Giftstoffe auszuschwemmen und sind insbesondere gut für Haare, Nägel, Zähne und Zahnfleisch. Es gibt Radieschen in vielen Farben: von leuchtend rot bis schwarz, von dunkelrosa bis weiß. Ich selbst mag am liebsten die winzig kleinen Radieschen, die ich roh esse, dazu etwas Salz. Schon John Evelyn schrieb 1699, dass man Radieschen am besten solo essen sollte, nur mit etwas Salz, um das »Pfeffer« in ihnen nicht zu unterdrücken.

SORTEN

Einige Radieschen wie der asiatische Daikon sind so groß wie ein Unterarm, kleinere Sorten wie das europäische Radieschen, haben die Größe einer Himbeere. Im Verlauf der Jahre habe ich viele Sorten angebaut, und sie lassen sich alle sehr gut aus Saat heranziehen. Die Zeit von der Aussaat bis zur Ernte dauert in der Regel 21–28 Tage, das hängt von der Sorte ab. Nehmen Sie Saat und kaufen Sie keine jungen Pflänzchen. Es funktioniert fantastisch mit Saatgut.

Wenn Sie eine gemischte Saat kaufen, wachsen verschiedene Sorten auf einmal, das ist eine lustige Sache. Beliebte Frühjahrssorten, die alle eher mild sind, sind Cyros, Neckarperle und Saxa. Viel Erfolg hatte ich mit Early Scarlet Globe, die klein, rund und rot ist. Das Hailstone-Radieschen erinnert an eine Rübe und hat ein mildes Aroma. Ebenfalls länglich, aber ganz weiß und sehr scharf ist die Sorte Eiszapfen. Die lange Rote Scarlet kann bis zu 15 cm lang werden und ist wunderschön. Dann gibt es da noch die dunkelrote Cherry Belle und die Sparkler, die oben pink ist und eine weiße Spitze hat und sehr süß schmeckt. Mein absoluter Favorit jedoch ist die Watermelon Mantang Hong. Außen ist sie weiß, doch im Innern so rot wie eine Wassermelone. Sie ist wirklich schön anzusehen. Ihr Geschmack ist nicht so senfartig wie die anderen Sorten.

ANBAU

Damit Sie eine reiche Ernte haben, sollten Sie das Beet und den Boden gut vorbereiten. Legen Sie einfach alle vier Tage eine kleine Reihe an, denn sonst kommen alle Radieschen auf einmal. Wenn Sie mit der Aussaat an einem Samstag beginnen, legen Sie die nächste Reihe am Donnerstagabend, wenn Sie von der Arbeit kommen, dann die nächste am folgenden Montag … und so weiter. 28 Tage später können Sie die ersten Radieschen essen.

BUNTER RADIESCHENSALAT

FÜR 4 PERSONEN

Dieser Salat reicht für 4 Personen, aber wenn nur 2 davon essen, lassen sich Reste am nächsten Tag noch essen. Hervorragend schmeckt der Salat zu Rindfleisch. Für diesen Salat habe ich meine Lieblingssorten verwendet, aber Sie können natürlich auch andere, gerade erhältliche Sorten oder Ihre Lieblinge dafür verwenden.

5 Radieschen »Rote Scarlett«

5 violette Radieschen

5 Radieschen »Sparkler«

3 Radieschen »Watermelon«

1 Apfel (frisch geerntet), in Stifte geschnitten

8 Sardellen, grob gehackt

1 große Handvoll gehackte glatte Petersilie

2 EL gehackter Kerbel

1 EL gehackte Minzeblätter

2 EL »Meine« Vinaigrette (siehe Seite 293)

1 Handvoll Feldsalat

5 Kapuzinerkresseblätter

Ein Radieschen von jeder Sorte mit einem Gemüsehobel in dünne Scheiben schneiden und in kaltes Wasser legen. Das zweite Radieschen von jeder Sorte nehmen, ebenso in Scheiben hobeln, aber dann in Stifte schneiden. In die Schüssel mit kaltem Wasser legen. Die restlichen Radieschen nach Geschmack unterschiedlich zuschneiden und beiseitelegen (es ist schon seltsam für mich, nicht alle gleich zuzuschneiden, aber es sieht gut aus).

Radieschen abgießen, die Hälfte in eine große Schüssel legen und die anders geschnittenen Radieschen dazugeben. Apfel hinzufügen (einige Streifen zum Garnieren beiseitelegen), dann Sardellen, Petersilie, Kerbel und Minze. Die Vinaigrette darüberträufeln, sodass alles gut damit überzogen ist. Vorsichtig die Hälfte des Feldsalats untermischen, dann auf Tellern anrichten. Restliche Radieschen, Apfelstifte, Feldsalat zugeben und mit Kapuzinerkresse garnieren.

RADIESCHENSALAT MIT FEIGEN, WALNÜSSEN UND ROQUEFORT

FÜR 2–4 PERSONEN ALS BEILAGE

Ein herrlich erfrischender Salat. Das englische Dressing eignet sich für alle Blattsalate, aber übertreiben Sie nicht. Nicht zu viel Dressing verwenden! Nur so viel, dass die Blätter überzogen sind. Die Blätter dürfen nicht ertrinken.

1 Bund Radieschen (möglichst alte Sorten), geputzt

3 reife große Feigen

1 Kopfsalat (Blätter gewaschen, zerkleinert)

1 kleiner grüner oder roter Eichblattsalat (Blätter gewaschen, zerkleinert)

100 g Rauke (Blätter gewaschen, zerkleinert)

3 Stängel Minze, Blätter abgezupft und fein gehackt

60 g Walnusskerne, grob gehackt

100 g Roquefortkäse oder ein anderer sahniger Blauschimmelkäse

2 EL geröstete und grob zerdrückte Koriandersamen

Englisches Dressing

3 EL scharfer Senf

50 ml guter Weißweinessig

225 g Sahne

2 Prisen feines Meersalz

2 Prisen Zucker

Für das englische Dressing Senf und Essig in einer Schüssel verrühren. Sahne unterrühren, dann Salz und Zucker. Beiseitestellen.

Die Radieschen in dünne Scheiben schneiden und in eine Schüssel legen. Die Feigen jeweils in 6 Stücke schneiden und ebenfalls in die Schüssel geben. Salatblätter, Minze und einige Walnusskerne zugeben und etwas von dem Käse darauf verteilen (etwas Käse für die Garnitur zurücklegen). So viel von dem Dressing untermischen, dass die Zutaten damit bedeckt sind. Den Salat anrichten, mit Koriandersamen und den restlichen gehackten Walnusskerne und dem restlichen Käse garnieren.

RADIESCHEN MIT BUTTER UND KRÄUTERSALZ

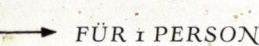

FÜR 1 PERSON

Wo beginnt Geschichte und wo hört sie auf? Die Franzosen aus der Normandie und Britannien werden Ihnen sagen, dass dieses Gericht ihres sei. Dann begegnet man einem alten Kerl aus dem guten alten England, der erzählt, dass die Franzosen spinnen, denn dies sei ganz offensichtlich ein altes britisches Rezept. Mir ist es ehrlich gesagt egal, woher es stammt, es ist einfach umwerfend gut. Ein frisch gepflücktes Radieschen, mit Butter bestrichen und mit Salz bestreut – das ist gut für die Seele. Es sind mindestens einige Radieschen mit von der Partie.

1 Bund Radieschen, z. B. »French Breakfast«

weiche gute Butter

Kräutersalz (siehe Seite 293)

Am besten schmecken die aus dem eigenen Garten. Wer keinen Garten hat, sollte ganz frische vom Markt besorgen. Es müssen einfach gute Radieschen sein, mit knackiger Schale und scharfem Innenleben. Die Radieschen putzen, waschen und trocken tupfen. Dann halbieren, auf ein Holzbrett legen. Dazu etwas gute Butter und etwas Kräutersalz. Einfach genießen, dazu ein Glas Apfelwein trinken und ein gutes Buch lesen.

Das Wort Tomate stammt von dem
Nahuati-Wort »Tomati«, was
»die schwellende Frucht«
bedeutet.

Sugo, Passata, Tomatenpüree,
Saucen, Ketchups, Chutneys,
Schmorgerichte.

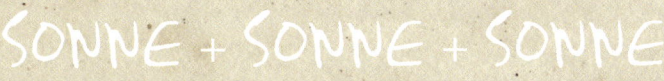 SONNE + SONNE + SONNE

MIRABELL Goldene Königin TIGERELLA FRÜHZAUBER
GRÜNES ZEBRA SCHWARZE PFLAUME Sweet William

TOMATEN

Die Tomate stammt aus Südamerika und
wurde von den spanischen Eroberern
nach Spanien und Europa gebracht.

(SOLANUM LYCOPERSICUM)
TOMATEN

Ich schließe meine Augen und rieche Tomaten – pfiffig, erdig und fruchtig.
Das ist ein Geruch, den jeder auf der Welt riechen kann.

GROSSVATERS LIEBE

Mein Großvater Tom hat die Liebe für Tomaten an mich weitervererbt. Hinter seinem Haus, das in der kleinen Stadt Barnsley stand, wuchs eine Oase zum Essen heran. Und die beiden Meisterwerke in diesem Treibhaus waren die Passionsblumen (die er stets an seinem Revers trug, wenn er Freitagabend in den Club ging, um die Damenwelt zu beeindrucken) und die fantastischen Tomaten. Er baute sie überall an – im Gewächshaus, im Garten, im Haus, selbst im Kohlenschuppen. Ich glaube, er hat mir über meinen Vater, »Wilkie« sen., die Liebe zum Gärtnern vermacht. Gärtnern in Großvaters Zeit war etwas anderes als heute. Wir machen das Ganze mehr als Hobby. Für ihn war es eine Notwendigkeit, Gemüse anzubauen, denn vieles war ansonsten überhaupt nicht zu bekommen, vor allem im Krieg.

In den letzten beiden Jahren habe ich keine Tomaten außerhalb ihrer Erntezeit gegessen. Ich habe stattdessen eingemachte Tomaten verwendet, die sonnenreif geerntet wurden. Sie sind von guter Qualität. Zudem finde ich es wichtig, Kenntnisse in der Konservierung zu haben, so können wir überleben, auch wenn gerade keine Erntezeit ist. Die Tomatensorten, die das ganze Jahr über erhältlich sind, schmecken wässrig, nach Chemie und sind sehr teuer. Eine sonnengereifte Tomate ist einfach köstlich, gerade jetzt, wo vermehrt wieder alte Sorten angebaut werden. Selbst sie finden mittlerweile den Weg in unsere Supermärkte.

HAUPTSACHE, SÜSS

Tomaten gibt es überall. Eine westliche Küche ohne Tomaten ist unvorstellbar, vor allem in Italien. Ob daraus Sugo, Passata, Tomatenpüree, Saucen, Ketchup, Chutneys zubereitet werden, ob sie geschmort, gekocht, frisch verzehrt, in Flaschen oder Dosen abgefüllt werden: Tomaten sind eine Säule unserer Ernährung. Merkwürdigerweise wurde die Tomate anfangs beargwöhnt. Tomaten kamen im 15. Jahrhundert mit den spanischen Eroberern Südamerikas nach Spanien, von dort aus bahnten sie sich ihren Weg nach Italien und in das übrige Europa. So richtig warm wurden die Menschen zunächst nicht mit der Tomate. Erst Mitte des 17. Jahrhunderts stieg ihre Beliebtheit, seitdem importierte das Vereinigte Königreich immer mehr Delikatessen. Man war auf den Geschmack gekommen.

Die Menschen waren aus mehreren Gründen ängstlich, auch wenn dies fehl am Platze war. Man betrachtete die Liebesäpfel-Pflanzen als reine Zierde, etwas, das man einer Frau schenkte, um ihr Herz zu gewinnen. Es gab auch eine gelbe Sorte (heute ist sie weitverbreitet), deren Früchte angeblich mit der aus der Bibel bekannten Alraune Ähnlichkeit besaß. Die Alraune galt lange Zeit als Aphrodisiakum. Daher der italienische Name »pomo d`oro« (Goldapfel). Man glaubte, der Verzehr von Tomaten sei schlecht für die Verdauung, ihre Haut sei zu klebrig und würde an der Mageninnenwand festkleben, und nicht wenige Ärzte warnten davor, die Früchte zu verspeisen. Das wiederum führt zum wissenschaftlichen Namen der Tomate – Lycopersicon esculentum –, was so viel wie »Wolfspfirsich« bedeutet. Der »Pfirsich«-Teil versteht sich aus der Form der Frucht, »Wolf« jedoch stellt einen Bezug zu den todbringenden Nachtschattengewächsen her und verweist auf die Vermutung, dass die Tomaten ebenfalls giftig seien.

Es rankt sich ein Mythos darum, warum die Tomaten in Amerika endlich angenommen wurden. 1820 soll Colonel Johnson auf den Stufen des Gerichtsgebäudes in Salem gestanden und einen ganzen Korb frischer Tomaten gegessen haben. Eine große Menge sammelte sich und wartete darauf, dass er elendig zugrunde ging. Die Menschen waren völlig überrascht, dass er es nicht tat!

ANBAU

Ich persönlich finde es großartig, Tomaten selbst anzubauen. Es gibt so viele Sorten in unterschiedlichen Größen, Formen und Farben, gerade für Anfänger unter den Tomatenfreunden. Rote, gelbe, grüne, gestreifte, Kirsch-, Birnen- und Pflaumentomaten (Roma) … die Liste ließe sich beliebig fortsetzen. Alles, was ich sagen kann, lassen Sie sie wachsen, und Sie werden überrascht sein. Tomaten sind Selbstbestäuber, das heißt, dass sie sich selbst befruchten können. Wundern Sie sich also nicht über ein Pop-up im Kompost. Sie können die kleinen Kerle auch herausziehen und in einen Topf pflanzen oder in ein Gartenbeet setzen. Wenn sie es schon schaffen, ganz allein zu überleben, wie gut wird es ihnen erst ergehen,

wenn man ihnen etwas Liebe, Nahrung und Wasser schenkt. Tomaten mögen warmes Wetter, reichlich Sonne und einen gut drainierten Boden mit etwas Kompost und Dünger. Höher wachsende Sorten brauchen zum Wachsen eine Stütze. Ein kleiner Tipp: Tomaten sind sehr empfindlich, was Tabak anbetrifft. Wenn eine Hand sie berührt, die vorher eine Zigarette hielt, welkt die Pflanze. Merkwürdig, aber wahr.

Ein guter Begleiter für Tomaten – sowohl was den Anbau als auch die Zubereitung anbetrifft – ist der wunderschöne süße Basilikum. Pflanzen Sie ihn zwischen die Tomaten, und wenn dann die Ernte bevorsteht, haben Sie alles für einen lieblich-frischen und leichten Panzanella-Salat (siehe Seite 270) oder wie ich ihn nenne: Sommer aus der Schüssel. Selbst mein Großvater Tom wäre begeistert gewesen.

TOMATENEINTOPF MIT ALLEM MÖGLICHEN DARIN

ERGIBT ETWA 1 LITER

Jeder hat ein todsicheres Rezept für den allerletzten Augenblick, das er aus dem Hut zaubern kann. Meines ist etwas für den Sommer. Es schmeckt herrlich zu Pasta, Steak oder Hühnchen, absolut gut auf Aubergine oder zu marinierten Sardinen, tut es aber auch als Grundlage für eine Bolognese.

50 ml bestes Olivenöl

600 g Tomaten (möglichst alte Sorten), grob zerkleinert

3 gelbe Schalotten, klein geschnitten

2 Knoblauchzehen, klein geschnitten

30 g abgespülte, gesalzene kleine Kapern

gemahlener schwarzer Pfeffer (nach Geschmack)

25 ml Rotweinessig

1 Prise feines Meersalz

1 Prise Zucker

1 kleine Handvoll zerkleinerte Basilikumblätter

1 kleine Handvoll zerkleinerte glatte Petersilie

Eine große Pfanne (25 cm Durchmesser) bei mittlerer Temperatur erhitzen. Olivenöl zugeben und 1 Minute erhitzen, dann Tomaten, Schalotten und Knoblauch in die Pfanne geben und 5 Minuten braten. Kapern unterrühren und Pfeffer zugeben, die Temperatur auf höchste Stufe stellen, Essig dazugeben und das Ganze 5–7 Minuten köcheln lassen. Die Tomaten sollten dann schon leicht zerfallen. Salz und Zucker unterrühren, dann die Pfanne vom Herd nehmen und die Kräuter zugeben. Wow! Fertig.

PANZANELLA AUS TOMATEN, BÜFFELMOZZARELLA, BASILIKUM, MIGAS & GRÜNEN OLIVEN

FÜR 4 PERSONEN ALS VORSPEISE ODER ALS HAUPTGANG-SALAT

Kein anderer Salat verkörpert den Sommer so sehr wie Panzanella. Ich verwende dafür viele verschiedene Tomaten, Basilikum, grüne Oliven, etwas altbackenes Brot, das zuvor in Öl aus geräucherter Paprika gedippt und dann geröstet wird – so mache ich »Migas« – und eine Kugel Büffelmozzarella.

Zitronen-Trauben-Dressing

Saft von 3 Zitronen

3 EL Vincotto (Traubenessig)

1 EL Dijonsenf

250 ml Olivenöl

50 ml guter Weißweinessig

feines Meersalz und frisch gemahlener schwarzer Pfeffer

Migas

200 g altbackenes Ciabatta-Brot

200 ml Olivenöl

1 TL geräuchertes Paprikapulver

Zum Servieren

1 kg gemischte Tomaten (alte Sorten), klein geschnitten

½ Tasse grüne Oliven, entsteint und leicht zerdrückt

3 Stängel Basilikum, kleine Blätter abgezupft

2 rote Schalotten, fein gewürfelt

2 Kugeln Büffelmozzarella, grob zerkleinert

Meersalz und gemahlener schwarzer Pfeffer

Für das Dressing alle Zutaten in einer Schüssel verrühren.

Für die Migas den Backofen auf 180 °C vorheizen und ein Backblech mit Backpapier belegen. Das Ciabatta-Brot in dicke lange Stücke schneiden. Öl und Paprikapulver in einer Schüssel verrühren, die Brotstreifen eintauchen, dann auf das Blech legen. Im Backofen 9–13 Minuten backen. Außen sollten sie knusprig, innen noch weich sein.

Zum Servieren die Tomaten 20 Minuten in etwas von dem Dressing marinieren. Auf einem Servierteller anrichten. Die meisten Oliven, gut ²/₃ des Basilikums, alle Schalotten und Migas in eine Schüssel geben und mischen, dann auf den Tomaten anrichten. Mit weiterem Dressing beträufeln und den Käse darauf verteilen. Mit Salz und Pfeffer würzen, zum Schluss restliche Oliven und Basilikumblätter daraufstreuen.

EINGELEGTE GRÜNE TOMATEN

ERGIBT 1,5 LITER

Es liegt ganz an Ihnen, welche grünen Tomaten Sie bevorzugen. Ich persönlich lege gewöhnlich die ersten grünen Tomaten (die jungen, die zuerst geblüht haben) und die letzten der Saison (die unreifen, die nicht mehr weiterreifen) ein. Wie auch immer Sie sich entscheiden, hier haben Sie ein todsicheres Rezept. Ich esse die eingelegten Tomaten zu Brot, in Salaten oder zu einer Scheibe Käse.

1 kg grüne Tomaten, in dünnen Scheiben	1 l Weißweinessig
6 gelbe Schalotten, in dünnen Scheiben	150 ml bestes Olivenöl
3 große Knoblauchzehen, fein geschnitten	2 TL Koriandersamen
3 EL feines Meersalz	2 TL zerdrückte schwarze Pfefferkörner
1 kleine grüne Chilischote, fein geschnitten	

Tomaten, Schalotten, Knoblauch und Salz in eine große Schüssel geben und 5 Minuten Saft ziehen lassen. Abgießen, dann in ein großes sterilisiertes Glas geben.

Restliche Zutaten und 350 ml Wasser in einen großen Topf geben und aufkochen. Sofort über die Tomaten gießen. Abkühlen lassen, dann mit einem Schraubdeckel verschließen und mindestens 1 Woche vor dem Verzehr durchziehen lassen. Geöffnete Gläser halten sich 2 Monate im Kühlschrank.

TOMATEN-ZIEGENKÄSE-WINDBEUTEL

ERGIBT 20 KLEINE WINDBEUTEL

Es sieht nach Fummelei aus, doch diese einfachen, aber köstlichen Kanapees sind der Knüller.
Wenn Sie keine geräucherten Tomaten bekommen, können Sie auf Seite 291 nachschlagen, wie
Sie Tomaten selbst räuchern können. Sie sind köstlich und schmecken zu einem pochierten Ei und
Zucchini. Es gibt noch einen Trick (aber den haben Sie nicht von mir): Schälen
Sie die Tomaten und rösten Sie sie im Ofen, dann streuen Sie Räuchersalz darüber.

Füllung

3 geräucherte Tomaten, nur das Fruchtfleisch

200 g Ziegenfrischkäse

Meersalz und gemahlener schwarzer Pfeffer

Windbeutel

3 EL Milch

50 g gewürfelte Butter

1 Prise feines Meersalz

1 Prise Zucker

75 g Weizenmehl

2 Bio-Eier

75 g fein geriebener Parmesan

1 verrührtes Bio-Eigelb

Für die Windbeutel den Backofen auf 200 °C vorheizen. Ein Backblech mit Backpapier belegen.

3 Esslöffel Wasser, Milch und Butter in einen Topf geben und aufkochen, dann bei schwacher Hitze Salz, Zucker und Mehl mit einem Holzlöffel unterrühren und weiterrühren, bis das Ganze eine glatte Konsistenz hat. 4–5 Minuten weiterköcheln, dann den Topf vom Herd nehmen. Mit einem Holzlöffel nach und nach Eier unterrühren, dann $2/3$ des Parmesans. Jetzt mit einem elektrischen Handrührgerät mit Rührbesen oder mit der Hand so lange weiterrühren, bis das Ganze abgekühlt ist.

Die abgekühlte Mischung in einen Spritzbeutel mit mittelgroßer Lochtülle füllen und kleine Kreise (so wie eine Macadamianuss) auf das Backblech spritzen. Mit etwas Eigelb bestreichen und mit dem restlichen Parmesan bestreuen. In 12–18 Minuten goldgelb backen. Die Windbeutel auf einen Rost legen und mit einem kleinen Messer in den Boden eine Öffnung machen – gerade groß genug, um die Füllung hineinzuspritzen.

Für die Füllung Tomaten und Ziegenkäse mit Salz und Pfeffer verrühren und pürieren. In einen Spritzbeutel mit kleiner Lochtülle geben und die Windbeutel damit füllen. Zum Warmmachen wieder in den Ofen legen, dann sofort servieren. Restliche Füllung zum Dippen dazu reichen.

TOMATENRELISH

ERGIBT 2 1-L-GLÄSER

Die britische Küche verdankt den Aromen Indiens sehr viel, und im Namen der Briten möchte ich mich dafür bedanken. Insbesondere für eine gute Tasse Tee und diese herzhafte Würzsauce.

125 g frischer Ingwer, geschält und gehackt	50 g gemahlener Kreuzkümmel
70 g Knoblauch	1 gestr. TL Cayennepfeffer
20 g grüne Chilischoten, halbiert und entkernt	1,2 kg gehackte Tomaten aus der Dose
200 ml Pflanzenöl	40 g feines Meersalz
50 g schwarze Senfkörner	300 ml Apfelessig
3 TL gemahlene Kurkuma	150 g Demerarazucker

Ingwer, Knoblauch und Chili in einem Mixer zu einer feinen Paste verarbeiten.

Das Pflanzenöl in einem Topf (3 l Fassungsvermögen) bei mittlerer Temperatur erhitzen. Die Gewürze 5 Minuten rösten, bis sie ihr Aroma freisetzen.

Die Ingwer-Knoblauch-Chili-Paste in den Topf geben und 5 Minuten köcheln. Tomaten, Salz, Essig und Zucker zugeben, aufkochen lassen. Anschließend 60–90 Minuten sanft köcheln lassen. Wenn sich an der Oberfläche das Öl absetzt und das Ganze nach einer Currysauce aussieht, ist das Tomatenrelish fertig. Den Topf vom Herd nehmen und die Sauce in die beiden vorbereiteten Gläser füllen. Sofort verschließen. 4 Wochen vor dem ersten Verzehr ziehen lassen. An einem dunklen und kühlen Ort hält das Relish 1 Jahr. Geöffnete Gläser halten sich im Kühlschrank 3 Monate.

LEICHT ANZUBAUEN, BENÖTIGT JEDOCH
VIELE BIENEN ZUM BESTÄUBEN.

Die gute alte Zucchini hat viele Synonyme:
Zucchetti, Sommerkürbis und Gemüsekürbis.
Sie schmecken roh, gebacken, gegrillt oder
frittiert, in Salat, Suppen und sautiert, nicht
zu vergessen in Kuchen, Brot und Muffins.

BLACK BEAUTY, RONDINI, LUNGO BIANCO,
COSTATA, ROMANESCO, GOLD RUSH

ZUCCHINI

AMERIKANISCHE VORFAHREN,
ABER IN ITALIEN GEZÜCHTET.

Muss regelmäßig geerntet werden,
um die Ausbeute zu erhöhen.

(CUCURBITA PEPO)

ZUCCHINI

Die guten alten Zucchini haben viele Namen, je nachdem, wo Sie leben und aufgewachsen sind. In Großbritannien nennt man sie Courgette, in einigen Teilen der USA Sommerkürbis, aber je nach Größe sagt man auch Gartenkürbis dazu. Das kann verwirrend sein.

SALZ IST DER SCHLÜSSEL

Als junger Chef mochte ich vieles nicht. Vielleicht war ich zu jung, ignorant oder sogar (schluck) arrogant, doch es gab jede Menge Gemüse, das ich »hasste«. Zu Beginn meiner Kochkarriere, das gebe ich zu, fand ich Zucchini zu wässrig und nahezu geschmacklos. Und selbst heute ertappe ich mich dabei, wie ich in alte Zeiten verfalle. Es ist so leicht, sich wie ein Fünfjähriger zu verhalten, die Zunge rauszustrecken und zu sagen »Bäh!«, wenn man an Zucchini denkt. Doch etwas hat sich irgendwie irgendwann geändert. Vielleicht ist mein Gaumen reifer geworden, denn jetzt liebe ich Zucchini. Ich denke, es liegt an der Entdeckung, die Zucchini einige Minuten in Salz Saft ziehen zu lassen, bevor man sie weiterverarbeitet oder roh isst. Jetzt finde ich Zucchini nicht mehr wässrig. Mittlerweile lasse ich vieles zuvor Saft ziehen, damit das überschüssige Wasser aus dem Gemüse läuft. Das Gemüse bekommt dadurch eine liebliche, ganz andere Textur.

VERWENDUNG

Wir wissen, dass die Zucchini in Italien gezüchtet und hoch geschätzt werden. Wie so vieles andere, brachte Kolumbus in seinem Gepäck aus Südamerika auch die Zucchini zurück nach Europa. Sie wurde sofort mit offenen Armen aufgenommen. Es dauerte etwas länger, bis das Gemüse nach Großbritannien und nach Australien gelangte. Ihre erste Erwähnung finden wir in einem Kochbuch von Elizabeth David, das in den 1950er-Jahren veröffentlicht wurde. Sie lüftete das Geheimnis um dieses unbekannte Gemüse und regte zum Verzehr und zum Anbau an. Und wir sollten ihr dankbar sein, denn Zucchini sind äußerst vielseitig. Sie können sie salzen und roh essen, man kann sie backen, grillen, einlegen, reiben und frittieren, sie schmecken in Salaten, Suppen und sautiert, nicht zu vergessen bereichern sie Kuchen, Brot und Muffins. In der italienischen Küche spielen sie eine zentrale Rolle. Und was wäre eine Ratatouille oder Minestrone ohne Zucchini? Im tiefen Süden begegnet man ihnen mit Ehrfurcht, zieht sie durch einen Teig und macht daraus köstliche Zucchini-Fritters.

Sie werden hier keine süßen Rezepte finden, werfen Sie einfach einen Blick in alte Koch- oder Backbücher. Sie werden einige wunderbare Rezepte mit Zucchini finden. Zucchini war stets ein recht günstiges Gemüse, deshalb gehörte es bei vielen sparsamen Hausfrauen auf den Speiseplan. Als man feststellte, dass das Gemüse sehr viel Wasser enthält, hat man es in Kuchen und Gebäck getan, weil es vor dem allzu schnellen Austrocknen bewahrte. Und für Kinder sind Zucchini eine gute Sache. Wenn sie sagen, dass sie sie nicht mögen, dann erzählen Sie einfach nicht, dass Zucchini drin sind. Sie werden es nicht merken! (Ein großartiger Trick, um Kinder an mehr Gemüse in der Ernährung heranzuführen. Der Geschmack der Zucchini ist ausgesprochen mild, sie kann fast überall hinein, z. B. in die Lieblingspastasauce der Kinder. Geheimnisvolle Vitamine! Ha, ha!)

Sie wissen sicher, dass auch die Blüte der Zucchini essbar ist. Gefüllte Zucchiniblüten waren der Renner in Restaurants – auch ich habe mich daran beteiligt und einige Versionen auf den Tisch gebracht, obwohl ich nicht wusste, warum. Verstehen Sie mich nicht falsch, sie sind wirklich köstlich, aber wenn ich die Blüten jetzt verwende, nehme ich nur die männlichen. Pflanzen besitzen männliche und weibliche Teile für die Fortpflanzung und Zucchini sind da keine Ausnahme. Sehen Sie sich die Pflanze näher an. Die männliche Blüte ist die mit einem sehr langen Stängel, die weibliche produziert die Früchte und an ihrer Blüte befinden sich die kleinen Zucchini. Die männlichen Blüten schmecken genauso gut und in der Zwischenzeit wachsen die Zucchini heran.

ANBAU

Ich bin sehr stolz darauf, dass ich seit meiner Ankunft in Australien jedes Jahr eine hervorragende Zucchini-Ernte hatte. Es gibt ein Geheimnis, damit die Ranke sich gut benimmt: Sie müssen sich der Gartenschere gegenüber absolut scheußlich verhalten. Es geht um eine gestrenge Liebe. Sie sind derjenige, der die Kontrolle behält, und Sie lassen sich nicht in Versuchung führen,

sie zurückzuschneiden, weil die Pflanze sich innerhalb kürzester Zeit wie Kürbisranken auch in alle Richtungen erstreckt. Von einer Pflanze erhalten Sie im Jahr durchschnittlich 20 Zucchini. Mehr als genug für Sie und Ihre Nachbarn, glaube ich.

Aber setzen Sie sich in Sachen gutes Grünzeug keine Grenzen. Wie bei anderen Pflanzen auch gibt es bei Zucchini einige unbekanntere Sorten, wie etwa weiße Zucchini, die ich sehr gern mag. Sie schmecken sehr süß und zart. Gelbe sind schon wegen ihrer leuchtenden Farbe sehr ansehnlich, doch wenn man sie nicht richtig behandelt, verfärben sie sich schnell. In einer braunen Papiertüte halten sie sich gut im Kühlschrank.

Je jünger und kleiner, desto besser sind Zucchini. Die älteren werden schnell bitter und enthalten sehr viel Wasser und Kerne. Wenn Sie Zucchini ernten, sollten diese vom Durchmesser nicht größer sein als ein Golfball. Und vergessen Sie das vorherige Salzen nicht.

ZUCCHINIRASPELN MIT FRISCHKÄSE UND GERIEBENEN MANDELN

FÜR 4 PERSONEN ALS SALATBEILAGE

Ein herrlicher Salat, der schon pur ein Genuss ist, aber auch mit etwas Brot dazu schmeckt.
Die Lachsrogen können Sie weglassen, doch sie geben dem Salat das gewisse Etwas.

4 kleine grüne Zucchini

2 Prisen grobes Meersalz

Saft von 1 Zitrone

100 ml bestes Olivenöl

3 EL fein gehackte glatte Petersilie

1 Tomate, geviertelt, entkernt, fein geschnitten

100 g Frischkäse oder Fromage blanc

5 ganze Bio-Mandeln

3 EL Lachsrogen (nach Belieben)

frisch gemahlener schwarzer Pfeffer

Zucchini mit dem Gemüsehobel in dünne Bänder hobeln, dann mit einem Messer in schmale Streifen schneiden. In ein Sieb legen, mit Salz bestreuen und 3 Minuten Saft ziehen lassen.

Das Salz abspülen und Zucchini mit Küchenpapier trocken tupfen. In eine große Schüssel geben, Zitronensaft und Olivenöl untermischen und 3 Minuten ziehen lassen. Überschüssige Flüssigkeit abgießen. Kräuter und Tomate mischen und auf einem Servierteller anrichten. Den Frischkäse darauf verteilen, dann die Mandeln darüberreiben. Den Lachsrogen daraufgeben und den Salat mit Pfeffer bestreuen.

PETERSFISCH IM ZUCCHINIMANTEL MIT ZUCCHINIBLÜTEN

FÜR 2 PERSONEN

2 Zucchini (etwa 130–150 g)	1 EL Pinienkerne, geröstet
feines Meersalz zum Bestreuen	50 ml Weißwein
2 Petersfischfilets (à 125 g, ohne Haut)	1 EL fein gehacktes Basilikum
2 EL Olivenöl + etwas mehr zum Beträufeln	1 EL Schnittlauchröllchen
100 g Kartoffeln, geschält, gewürfelt, gegart	Meersalz und gemahlener schwarzer Pfeffer
1 Tomate (150 g), geviertelt, entkernt, fein gewürfelt	6 Zucchiniblüten
2 EL Rosinen, in Wasser eingeweicht, abgegossen	Saft von 1 Zitrone
	80 g Feta-Käse (nach Belieben)

Den Backofen auf 180 °C vorheizen.

Von 1 Zucchini die Enden abschneiden. Mit einem Gemüsehobel die Zucchini längs in dünne Scheiben schneiden. Insgesamt werden 12 lange Scheiben benötigt. Die Scheiben nebeneinander auf ein Blech legen, mit Salz bestreuen und 8 Minuten Saft ziehen lassen. Danach lassen sie sich einfacher wickeln. Das Salz abspülen. Auf einem Küchenhandtuch 6 Scheiben leicht überlappend aufeinanderlegen und trocken tupfen. Mit den restlichen 6 Scheiben ebenso verfahren. Ein Petersfischfilet hat zwei Einkerbungen. Die Filets der Länge nach an diesen Kerben wie ein Paket zusammenfalten und jeweils in die Mitte der ausgebreiteten Zucchinischeiben setzen. Mithilfe des Küchenhandtuchs die Scheiben vorsichtig um das Filet wickeln, dann mit der Naht nach unten auf ein Backblech legen.

3 Teelöffel vom Olivenöl bei hoher Temperatur in einer Pfanne erhitzen und die Zucchinipäckchen mit der Naht nach unten in die Pfanne legen. 2 Minuten braten, dann wenden, die Temperatur reduzieren und die schöne Seite 3 Minuten braten. Die Päckchen vorsichtig aus der Pfanne nehmen und auf das Backblech setzen. Die Pfanne säubern. Restliche Zucchini würfeln (auch Reste vom Fisch). Restliches Olivenöl bei hoher Temperatur 1–2 Minuten in der Pfanne erhitzen. Ist es heiß genug, die Zucchiniwürfel 2 Minuten braten. Die Temperatur auf mittlere Hitze stellen, Kartoffeln und Tomate zugeben und 2 Minuten mitbraten. Rosinen, Pinienkerne und Wein hinzufügen, die Temperatur erhöhen und so lange braten, bis die Flüssigkeit um die Hälfte reduziert ist. Pfanne vom Herd ziehen, Kräuter unterrühren und mit Salz und Pfeffer würzen. Beiseitestellen. Das Blech mit den Zucchinipäckchen für 10 Minuten in den vorgeheizten Backofen schieben. Die Zucchiniblüten 2–3 Minuten dämpfen. Zum Servieren die Zucchinimischung auf zwei Teller verteilen. Zitronensaft über den Fisch träufeln. Zucchiniblüten darauflegen, mit Olivenöl beträufeln und mit zerkrümeltem Feta bestreuen.

ZUCCHINI-OLIVEN-DRESSING

ERGIBT 400 MILLILITER

Das ist mein persönliches Tapenaden-Rezept. Es schmeckt großartig zu gekochten Kartoffeln, allen weißen Fischsorten und auf gedämpftem Gemüse. Aber es ist auch ein gutes Dressing für Salatblätter.

3–4 EL Olivenöl	110 g entsteinte schwarze Oliven
2 kleine Zucchini, in winzig kleine Würfel geschnitten	2 Sardellen (nach Belieben)
2 Knoblauchzehen, fein geschnitten	Meersalz und frisch gemahlener schwarzer Pfeffer
2 EL guter Weißweinessig	10 fein gehackte Basilikumblätter

3 Esslöffel vom Olivenöl bei mittlerer Temperatur in einer Pfanne erhitzen. Zucchini und Knoblauch zugeben und darin leicht braun sautieren. Dann die Temperatur reduzieren und die Pfanne mit dem Essig ablöschen. Vom Herd nehmen und die Mischung halbieren. Eine Hälfte für später beiseitestellen.

Die andere Hälfte in einen Mixer geben, Oliven, Sardellen und nach Belieben restliches Olivenöl zugeben. Mit Salz und Pfeffer bestreuen. In etwa 30–40 Sekunden zu einer glatten Paste verarbeiten. In eine Schüssel gießen und die restliche Zucchinimischung untermengen. Zum Schluss Basilikum unterrühren. Bei Bedarf zusätzliches Olivenöl zugeben, abschmecken und servieren. Hält sich 1 Woche im Kühlschrank.

BASICS

ZITRONENDRESSING

Das Dressing passt zu allen Salatblättern, die mit Dressing überzogen werden müssen, etwa zu Kopf- und Eisbergsalat. Es schmeckt aber auch gut in Couscous.

Schale von 3 eingelegten Zitronen
(Schale ohne weiße Haut)

200 ml extra natives Olivenöl

50 ml guter Weißweinessig

Salz und Pfeffer

Die Zitronenschale in einem Blitzhacker zerkleinern. Olivenöl und Essig unterrühren und mit Salz und Pfeffer würzen. Im Kühlschrank hält sich das Dressing 1 Monat.

ESTRAGON-DRESSING

ERGIBT 200 MILLILITER

Ein wundervolles Salatdressing für alles, was es gibt.

1½ EL Dijonsenf

50 ml guter Weißweinessig

2 EL Estragonessig

90 ml Traubenkernöl

2 TL gehackter Estragon

Senf, Essigsorten und Öl so lange rühren, bis sie eine homogene Masse bilden, dann den Estragon unterrühren.

GETREIDE, BOHNEN & HÜLSENFRÜCHTE KOCHEN

GETROCKNETE BOHNEN

Eine halbe Tasse getrocknete Bohnen 24 Stunden in 500 ml Wasser einweichen. Abgießen und mit 1,5 l Wasser aufkochen lassen. In etwa 40–45 Minuten weich köcheln. Abgießen und wie im Rezept beschrieben verwenden. Ergibt 2 Tassen.

KICHERERBSEN (GARBANZOS)

100 g Kichererbsen 24 Stunden in 500 ml Wasser einweichen. Abgießen und mit 1,5 l Wasser aufkochen. 35–45 Minuten köcheln lassen, dann abgießen und wie im Rezept beschrieben verwenden. Ergibt 2½ Tassen.

QUINOA

1 l Wasser aufkochen, dann 100 g Quinoa zugeben und 10–12 Minuten köcheln bzw. bis das Innere der Körner herausbricht. Abgießen und wie im Rezept beschrieben verwenden. Ergibt 1½ Tassen.

GRAUPEN, SPELZ, DINKEL

Jeweils ½ Tasse in 1,5 l Wasser aufkochen und in etwa 22–26 Minuten gar köcheln. Abgießen und wie im Rezept beschrieben verwenden. Ergibt 1½ Tassen.

FREGOLA

1 l Wasser aufkochen lassen und ½ Tassen Fregola hineingeben. In etwa 8–10 Minuten garen. Abgießen und wie im Rezept beschrieben verwenden. Ergibt 1½ Tassen.

LINSEN

100 g Linsen abspülen und mit 1 l Wasser aufkochen. 22–26 Minuten garen, dann abgießen und wie im Rezept beschrieben verwenden. Ergibt 1½ Tassen.

FREEKEH (WEIZENSCHROT)

½ Tasse in 1 l Wasser aufkochen und in 18–20 Minuten weich garen. Wie im Rezept beschrieben verwenden. Ergibt 1½ Tassen.

TOMATEN RÄUCHERN

Für mein Restaurant kaufe ich alle gesalzenen, gepökelten und geräucherten Waren von zwei großartigen Menschen: David sen. und David jun., zwei große Freunde aus Mittelengland, die einen Laden in Melbourne haben. Sie räuchern alles für mich, Speck: Lachs, Eier und Joghurt, doch ihre geräucherten Tomaten sind der absolute Knüller. Hier finden Sie die Methode von David jun., Tomaten kalt zu räuchern. Betrachten Sie das Ganze als Richtschnur, denn es hängt ganz davon ab, wie viele Tomaten Sie räuchern möchten.

1 Topf (2 l Fassungsvermögen)	1 Rost
reife Romatomaten (Pflaumentomaten)	1 gute Handvoll Räucherchips
1 Schüssel Eiswasser	1 Bratpfanne
Meersalz, gemahlener schwarzer Pfeffer und feiner Zucker	1 Bratenform, in die der Rost passt
	Alufolie

Den Backofen auf 230 °C vorheizen.

In den Topf 1 l Wasser geben und bei hoher Temperatur aufkochen lassen. Den weißen harten Innenteil der Tomaten herausschneiden, die Tomaten 10 Sekunden in das Wasser legen, herausnehmen und ins Eiswasser tauchen. Das nennt man Blanchieren. Die Tomaten schälen und mit Salz, Pfeffer und Zucker einreiben. Auf den Rost setzen.

Die Räucherchips in die Pfanne legen und auf der Herdplatte zum Räuchern bringen. Kommt Rauch, das Ganze in die Bratenform schütten und den Rost mit den Tomaten daraufsetzen. Mit Folie abdecken und die Folie 5-mal einstechen. 5 Minuten in den backofen stellen. Herausnehmen und die Tomaten zum Abkühlen in den Kühlschrank stellen. Unter die Form ein Küchenhandtuch legen, damit die Bratenform das Regal nicht versengt. (Diesen Teil lässt David aus, was soll's , er stammt aus Birmingham.) Das war es schon. Jetzt gibt es geräucherte Tomaten.

MANDEL-ORANGEN-BRÖSEL

fein geriebene Schale von 2 Bio-Orangen

1 TL grob gemahlener schwarzer Pfeffer

2 Wacholderbeeren

80 g gute blanchierte Mandeln

2 TL grobes Meersalz

2 TL Demerarazucker

Den Backofen auf 180 °C vorheizen.

Orangenschale auf einen mit Backpapier belegten Teller legen und für 12 Minuten in die Mikrowelle (Auftaustufe) stellen. Danach sollten die Schalen völlig trocken sein, aber noch ihre Farbe und ihren Geruch haben.

Die getrocknete Schale, Pfeffer und Wacholderbeeren in einen Mörser geben und sehr fein zerkleinern.

Die Mandeln im Backofen 4–8 Minuten rösten, bis sie leicht gebräunt sind. Dann in den Mörser geben und so lange zerkleinern, bis sie Reiskorngröße haben. Dann Salz und den Zucker untermischen.

Hinweis: Ich verwende diese Mischung bei meinem Spargel mit Ricotta und Chicorée (siehe Seite 18), aber sie eignet sich auch für viele andere Gemüse, etwa Brokkoli und Lauch. Oder versuchen Sie ein wenig davon auf Brathähnchen oder einfach pochiertem Fisch. In einem Glas mit Schraubdeckel hält sich die Mischung 6 Monate.

DUKKA

Wissen Sie, warum es besser ist, Gewürze zu rösten? Damit ihre natürlichen Öle, die den Geschmack ausmachen, entweichen können. Am besten geht das in einer Pfanne bei schwacher Hitze. Die Pfanne sollte dabei ständig bewegt werden. Sobald die Gewürze rauchen oder Dampf entweicht, die Pfanne vom Herd nehmen und die Gewürze in einer Schüssel abkühlen lassen. Jetzt können sie verwendet werden.

100 g Haselnusskerne

1 TL weiße Pfefferkörner

1 EL geröstete Koriandersamen

1 EL geröstete Sesamsamen

1 TL gerösteter Kreuzkümmel

1½ EL grobes Meersalz

1 EL Demerarazucker

Den Backofen auf 180 °C vorheizen. Die Haselnusskerne 5–10 Minuten im Ofen rösten, noch warm in ein Küchenhandtuch geben und die Schalen abreiben.

Haselnusskerne in einen Mörser geben und zermahlen, Pfefferkörner und Koriander zugeben und das Ganze zerkleinern (wie gemahlener Pfeffer). Den Rest der Zutaten zugeben und unterrühren. In ein luftdichtes Gefäß schütten, hält sich einige Monate.

KRÄUTERSALZ

ERGIBT ETWA 2 TASSEN

Wäre Kräutersalz eine Dame, hieße sie Rita Hayworth: zeitlos, elegant und schön. Das Salz gehört in jede Küche, stets parat: Denn es gibt jeder Mahlzeit das gewisse Etwas.

150 ml Pflanzenöl

160 g gemischte Kräuter (Rosmarin-nadeln, Oregano- und Salbeiblätter)

90 g grobes Meersalz

Das Öl in einem flachen Topf bei mittlerer Temperatur auf 160 °C erhitzen. Kräuter hineingeben und darin in 7–10 Minuten knusprig frittieren. Den Herd ausstellen und die Kräuter herausnehmen. Auf Küchenpapier abtropfen lassen. Dann mit einem Küchenhandtuch noch einmal trocken tupfen. Mit dem Salz in einen Mörser geben und alles fein zerdrücken. In ein luftdichtes Gefäß schütten. Es hält sich 6 Monate und kann wie normales Salz verwendet werden.

Hinweis: Sicher haben Sie sich auch schon gefragt, was Sie mit den Petersilien- und Basilikumresten anstellen sollen, die unten im Kühlschrank vor sich hin welken. Presto, machen Sie Kräutersalz daraus, bevor Sie sie wegwerfen. Leicht verwelkte Blätter bitte nur 3–4 Minuten frittieren.

MEINE VINAIGRETTE

ERGIBT 1 LITER

Das ist mein Basisdressing, das zu vielen Salaten passt. Ich fülle es in ausgespülte Weinflaschen und verkorke diese. So hält die Vinaigrette sich mehrere Monate.

500 ml extra natives Olivenöl

350 ml Sonnenblumenöl

75 ml guter Weißweinessig

75 ml Estragonessig

gemahlener weißer Pfeffer (nach Geschmack)

1 Prise Salz

3 leicht zerdrückte Knoblauchzehen

4 Zweige Estragon

Alle Zutaten verrühren und in Flaschen füllen. Vor der Verwendung gut schütteln.

REGISTER

DANKSAGUNG

Ein aufrichtiges und großes Dankeschön geht an:

Meine Familie und meine Freunde nah und fern.

Mum, Dad, Lucy, Richard und meine kleine Nichte Molly Rebecca. Meine Großeltern, Tanten und Onkel – die lebenden und verstorbenen. Dank Eurer Anleitung, Erfahrung und Eurer Liebe bin ich, was ich bin. Und natürlich auch Onkel K. Für Leah und Struan, der für mich und meine neue Familie in Australien ein so herrliches Nest gebaut hat.

Meine engsten Freunde Jeff und Jacq, Nick und Tara, Pete-Pete, Ben und Larissa: Ohne Eure Unterstützung und Freundschaft wäre das alles nichts geworden. Und mein Team in meinem Restaurant *Pope Joan*, das das tägliche Geschäft so angenehm macht und mit Freude erfüllt. Allen Freunden und ehemaligen Chefs aus der Kochwelt, Ihr könnt stolz auf Euch sein. Ich schulde Euch Dank, weil Ihr Eure Leidenschaften mit mir geteilt habt und mich in die richtige Richtung gestoßen habt. Ein ganz besonderer Dank geht an Michael Taylor, der meine Begeisterung fürs Genießen entfacht hat, an Martin Wishart, der mir eine ganz neue Welt offenbart und gezeigt hat, dass vieles möglich ist und an

Andrew McConnell, der mich gelehrt hat, die Scheuklappen abzulegen und einen Blick auf die Welt der Nahrungsmittel und unterschiedlichen Kulturen zu werfen. Ich möchte in diesem Zusammenhang auch einigen Leuten vom Circa danken: Lisa und John Van Handel, Rosanne und Jenni, weil sie immer an mich geglaubt haben, David Moyle für die ersten Tage und Jake und dem gesamten Küchenteam, weil sie sich so engagieren.

Dank an das beste Team. Mein Dank geht an meine Freundin Brydie, die wie eine kleine Schwester für mich ist, danke für Deine Mitarbeit an den Texten. Danke, Stacey, für Deine herrlichen Zeichnungen. Rachel und Paul, auch Euch möchte ich danken, Worte können Eure Arbeit gar nicht beschreiben. Mein Dank geht an Frau Jacqui Melville für ihre atemberaubend schönen Fotos, sie ist extra nach Europa dafür gereist. Schließlich möchte ich mich bei der Grafikerin Caroline Velik für ihr schönes Design bedanken und bei allen anderen vom Murdoch-Team. Ihr seid klasse.

Ich bin so dankbar – danke, danke, danke.

MATT
xx

NOTIZEN

NOTIZEN

DORLING KINDERSLEY
London, New York, Melbourne, München und Delhi

Verlagsleitung Sally Webb
Leitung Gestaltung Deb Brash
Projektleitung Livia Caiazzo
Fotos Jacqui Melville
Gestaltung Studio Racket
Food Styling Caroline Velik
Illustrationen Stanislava Pinchuk
Lektorat Belinda So
Lektorat Rezepte Sonia Greig
Produktionsbetreuung Jean Beal
Textliche Unterstützung Brydie Smith

Bibliografische Information der Deutschen Bibliothek:
Die Deutsche Bibliothek verzeichnet diese Publikation in der Deutschen Nationalbibliografie;detaillierte bibliografische Daten sind im Internet über http://dnb.ddb.de abrufbar.

Für die deutsche Ausgabe
Programmleitung Monika Schlitzer
Projektbetreuung Elke Homburg
Herstellungsleitung Dorothee Whittaker
Herstellung Anna Ponton

Titel der englischen Originalausgabe:
MR WILKINSON'S FAVOURITE VEGETABLES

Übersetzung Annerose Sieck
Lektorat Katja Treu

ISBN 978-3-8310-2197-0

Printed by C&C Offset Printing Co. Ltd, China

Besuchen Sie uns im Internet
www.dorlingkindersley.de

WICHTIG: Ältere Menschen, schwangere Frauen, kleine Kinder und diejenigen, die an Autoimmunkrankheiten leiden, sollten im Umgang mit rohen Eiern zurückhaltend sein.
BACKOFEN: Je nach Backofen können die Zeitangaben variieren. Halten Sie sich an die Herstellerangaben Ihres Geräts. Wer mit Heißluft bäckt und gart, stellt die Temperatur 20 °C niedriger ein, als im Rezept angegeben.